國家古籍整理出版專項經費資助項目

河北大學宋史研究中心基地（教育部省屬高校人文社會科學重點研究基地）建設經費資助項目

河北大學宋史研究中心課題《宋代墓誌整理與研究》中期成果

河北大學中國史『雙一流』學科建設經費項目

河北大學燕趙文化研究院學科建設經費項目

出土宋代磚誌輯釋

賈文龍 王曉薇——主　編
梁松濤 王曉龍——副主編

鳳凰出版社

圖書在版編目（CIP）數據

出土宋代磚誌輯釋 / 賈文龍，王曉薇主編. -- 南京:
鳳凰出版社，2022.12
ISBN 978-7-5506-3803-7

Ⅰ. ①出… Ⅱ. ①賈… ②王… Ⅲ. ①出土文物－古
磚－漢字－古文字－注釋－宋代 Ⅳ. ①K877.94

中國版本圖書館CIP數據核字(2022)第218627號

書　　名	出土宋代磚誌輯釋
主　　編	賈文龍　王曉薇
副 主 編	梁松濤　王曉龍
責任編輯	王淳航　姜　嵩
特約編輯	莫　培
裝幀設計	姜　嵩
出版發行	鳳凰出版社(原江蘇古籍出版社) 發行部電話025-83223462
出版社地址	江蘇省南京市中央路165號，郵編:210009
照　　排	南京凱建文化發展有限公司
印　　刷	徐州緒權印刷有限公司 江蘇省徐州市高新技術產業開發區第三工業園經緯路16號
開　　本	889毫米×1194毫米　1/16
印　　張	20.25
字　　數	431千字
版　　次	2022年12月第1版
印　　次	2022年12月第1次印刷
標準書號	ISBN 978-7-5506-3803-7
定　　價	490.00圓 (本書凡印裝錯誤可向承印廠調換，電話:0516-83897699)

前　言

在古代中國，磚作爲建築材料有着悠久的歷史。西周晚期的陝西扶風周原遺址中就出現了磚的遺迹。在東漢時期，磚已經成爲民間建築常用的建築材料。

磚有銘文記事功能。在泥坯上可以隨意勾畫、書寫、模印，經晾乾燒製，字迹便可以長久留存。除刻字填色外，墓磚亦可在製作完成後，直接在表面墨書或朱書，亦可使文字流傳於世。因磚取土方便，製法靈活，中國古代普通勞動人民也可成爲書寫者。這些因素，使中國古代的磚具有了類似銘刻金石的作用，而又比金石之類更爲廉價與規整。這類文字，稱爲“磚文”，可視爲中國古代石刻銘文中的一種。但是，磚文也有自身的局限，它不如金石類材料那樣堅固持久，且因面積有限而多簡短之文。

後世磚文之興，在宋代金石學興起時第一次得到重視。宋洪适《隸釋》中著録有東漢光武帝建武年間至曹魏黄初、青龍年間的磚文，趙明誠《金石録》中亦有少量磚誌。清中晚期至近代，古磚之趣大盛於學界。清光緒十七年（1891）浙江歸安的陸心源收藏有漢、晋古磚近千塊，後輯録成《千甓亭古磚圖釋》一書，使磚文成爲專門之學。此後，又出現吕佺孫《百磚考》、馮登府《浙江磚録》、黄瑞《台州磚録》、孫詒讓《温州古甓記》、王修《漢唐廎磚録》、羅振玉《高昌磚録》等諸多專門著録磚文之作。吴昌碩從古磚中借鑒藝術靈感以之入印、入書、入詩，推崇“道在瓦甓”的創作理念，極大地擴大了古磚的社會影響力。

以内容劃分，古磚保留着諸多中國紀元、地理、官制、姓氏等資料。以形式劃分，主要可以分爲文字磚和畫像磚。以出土地點劃分，中國古磚主要分爲地上建築用磚和地下墓葬用磚。以功能劃分，主要可以分爲人世間之磚和冥世間之磚。以組成方式而言，可以分爲拼磚墓誌和單磚墓誌。

目前關於宋代古磚的專門論著，具有“集中者性質單一、專題者分布星散”的特點。前者如《北宋陝州漏澤園》（三門峽市文物工作隊編，文物出版社1999年版），收録了北宋陝州漏澤園出土的古磚。後者自20世紀70年代至今，因土地的大量徵用及開發，地下古磚重見天日，考古報告、論文不斷涌現，需要查找相關研究動態與論文索引才能覽其全貌。

本書爲出土宋代磚誌的輯録之作。出土宋代地上建築用磚，主要有城墻用磚和宮室用磚，磚文内容大多爲紀年或官職，是“物勒工名”制度的體現，不在本書收録之列。此外，出土宋代墓磚也有少量畫像磚，如四川省巴中市南江縣出土的宋彩釉綫刻折枝花卉紋墓磚、廣東省湛江市遂溪縣出土的宋生肖磚記等也不在本書收録之列。出土宋代文字墓磚，信息更爲豐富，形式多樣，對宋史研究有重要意義，是本文的收録對象。

出土宋代文字墓磚大概分爲紀年磚、地券磚和墓誌磚。因地券磚已有梁松濤、王曉龍整理的《出土宋代買地券輯釋》(鳳凰出版社 2022 年版)，故亦不在本書收録之列。

總體而言，出土宋代墓磚中有確切年月日者少，而紀年、日期不全者居多。書寫字體多樣，多爲楷書，隸書、行書、篆書較少。内容書寫精緻者較少，而缺筆少劃、錯字、别字情況多見。誌文布局大多比較草率，有邊欄、界格等布局整齊者較少。

因墓磚易于作僞，本書所收墓磚皆標明確切出土或收藏地點。

出土宋代磚誌對研究宋代人物、行政區劃、軍隊番號、社會救濟制度都提供了寶貴的資料。

編纂者文獻整理水平有限，部分磚文釋讀困難，亦可能有遺珠之憾。不足之處，祈請學界同仁批評指正！

凡　例

一、本書以新中國成立以來出土兩宋墓磚之文字爲集中收録對象。

二、本書僅有少量墓磚之拓片及實物圖像，讀者如需圖文對照，請據文獻來源查看他書。

三、本書各墓磚之説明文字包含墓磚名稱、文獻形態、卒葬時間、文獻著録、出土情況等信息。

四、本書共收録284種兩宋墓磚，其中北宋276種，南宋8種。

五、本書不包含宋代墓磚買地券和畫像磚。

六、本書以傳統概括方法擬定墓磚名稱。磚誌僅存一種，標題後“某字號”不保留；同人及同名有多個磚誌者，“某字號”保留。

七、本書正文條目依磚刻年代先後排序，墓磚時間信息不完整者，分爲紀年不詳、紀年月不詳、紀年月日不詳三類排在同時段之後。

八、本書同一墓主有多塊墓磚時，以（第一種）、（第二種）……相區别。

九、本書采用按行著録的方式，行與行之間用//相區别。

十、本書釋文均采用規範繁體字，俗訛字録正。如“号”皆改爲“號”，“擡”皆改爲“抬”，“无”皆改爲“無”，“济”皆改爲“濟”，“记”皆改爲“記”，“讫”皆改爲“訖”。

十一、本書缺字或無法辨識之字以□表示，一字一□，缺字不詳者以［缺］［上缺］［下缺］表示。

十二、本書缺字可依據他文推測之字，以□内加字表示。

目 録

大中祥符三年墓磚　大中祥符三年（1010）

名稱：大中祥符三年墓磚
文獻形態：墓磚尺寸不詳。誌文正書 3 行，行 6 字。
卒葬時間：大中祥符三年（1010）葬。
文獻著録：殷蓀《中國磚銘》，江蘇美術出版社，1998 年版，圖版下册第 1113 頁。
出土情況：出土地點不詳。

録文：大中祥符三年//次庚戌，弟子閔//積爲先考六郎。

大中祥符三年墓磚

柴公墓記磚 熙寧十年（1077）七月二十五日

名稱：柴公墓記磚

文獻形態：磚通高 45 厘米。其中磚首高 15.5 厘米，磚身高 23 厘米，寬 20 厘米，厚 6.5 厘米；磚座高 6.5 至 11 厘米，寬 29 厘米，進深 17 厘米。誌文正書 5 行，共計 38 字。

卒葬時間：熙寧十年（1077）七月一日卒，同年七月二十五日葬。

文獻著録：李军《河北邢臺出土磚誌碑》,《文物春秋》2004 年第 2 期，第 78 頁。

出土情況：河北省邢臺市出土。

録文：熙宁拾年歲次丁巳//七月一日己酉二十五//日癸酉辛时，□□//孝子柴方，弟柴堅。//師人霍式，匠人鄭。

柴公墓記碑

崔晏家族墓記磚　元豐元年（1078）十月五日

名稱： 崔晏家族墓記磚

文獻形態： 墓磚長 34 厘米，寬 33 厘米，厚 55 厘米。誌文正書 9 行，共計約 108 字。

卒葬時間： 元豐元年（1078）十月一日卒，同年十月五日葬。

文獻著録： 朱曉芳、王進先《山西長治故縣村宋代壁畫墓》,《文物》2005 年第 4 期，第 61 頁。

出土情況： 山西省長治市出土。

録文： 宋故府君墓誌銘記//

清河郡户主，户屬潞州屯留縣積//农鄉故縣村。税户崔晏舍君葬一//□□常不采。身十七後計公李□//同共葬送。户主崔晏，年六十三。//李郎□，年三十七，妹奈鶩，年五歲。//李郎女伴哥，男忘哥。但見//元豐元年歲次戊午十月一日壬//寅五日正午下壽。東房□□郎。

崔晏家族墓記磚

楊遇墓誌磚　元祐四年（1089）十一月六日

名稱：楊遇墓誌磚

文獻形態：墓磚呈灰色，近方形，長 31.3 厘米，寬 29.5 厘米，厚 5.6 厘米。誌文行書 8 行，行 8 至 12 字不等。

卒葬時間：元祐元年（1086）四月十一日卒，元祐四年（1089）十一月六日葬。

文獻著録：姚生民《淳化縣出土北宋磚刻墓誌》,《文博》1993 年第 1 期，第 69 頁；殷蓀《中國磚銘》，江蘇美術出版社，1998 年版，圖版下册第 1117 頁。

出土情況：陝西省淳化縣出土。

録文：元祐元年四月十一日本縣西//車塢村楊遇，年八十六歲//身亡，至元祐四年十一月六日//葬。見在長男楊進，孫楊//審，共三十六口爲活。磚匠人//三原縣王用，作木人本縣永建//村范吉□，漆作人三水縣王立，//穿墓人李元，已遠富之。

楊遇墓誌磚

范通直墓磚（第一種） 紹聖元年（1094）

名稱：范通直墓磚

文獻形態：此爲隸書墓誌磚，墓磚長約 44 厘米，寬約 22 厘米，厚約 7 厘米。誌文隸書 3 行，滿行 8 字。

卒葬時間：紹聖元年（1094）葬。

文獻著録：安然《青島崇漢軒館藏北宋范府君墓磚考辨及其他》，青島崇漢軒漢畫像磚博物館、文物出版社編《全國第三届碑帖學術研討會論文集》，文物出版社，2014 年版，第 84 頁。

出土情況：1971 年 2 月河南省方城縣古莊店金湯寨出土。

録文：有宋紹聖甲戌爲建//安郡高平范府君之//墓，尚千萬年其永固。

范通直墓磚（第一種）

范通直墓磚（第二種） 紹聖元年（1094）

名稱: 范通直墓磚

文獻形態: 此爲篆書墓誌磚，墓磚長約 44 厘米，寬約 22 厘米，厚約 7 厘米。誌文篆書 6 行，滿行 11 字。

卒葬時間: 紹聖元年（1094）葬。

文獻著録: 安然《青島崇漢軒館藏北宋范府君墓磚考辨及其他》，青島崇漢軒漢畫像磚博物館、文物出版社編《全國第三屆碑帖學術研討會論文集》，文物出版社，2014 年版，第 84 頁。

出土情況: 1971 年 2 月河南省方城縣古莊店金湯寨出土。

録文: 人孰無親，亦既念子。哀我人//斯，負土封此。毋戕我宫，毋斧//我松。我築孔艱，我植孔勤。勒//銘于兹，以告後人。宋建安范府君之墓，紹聖改元。男致君、//致明、致虚、致祥、致厚泣血銘。

范通直墓磚（第二種）

范通直墓磚（第三種） 紹聖元年（1094）

名稱：范通直墓磚

文獻形態：此爲楷書墓誌磚，墓磚長約 44 厘米，寬約 22 厘米，厚約 7 厘米。誌文正書 4 行，滿行 10 字。

文獻著録：安然《青島崇漢軒館藏北宋范府君墓磚考辨及其他》，青島崇漢軒漢畫像磚博物館、文物出版社編《全國第三届碑帖學術研討會論文集》，文物出版社，2014 年版，第 89 頁。

出土情況：1971 年 2 月河南省方城縣古莊店金湯寨出土。

録文：人孰無親，亦既念子。哀我//人斯，負土封此。毋戕我宫，//毋斧我松。我築孔艱，我植//孔勤。勒銘于兹，以告後人。

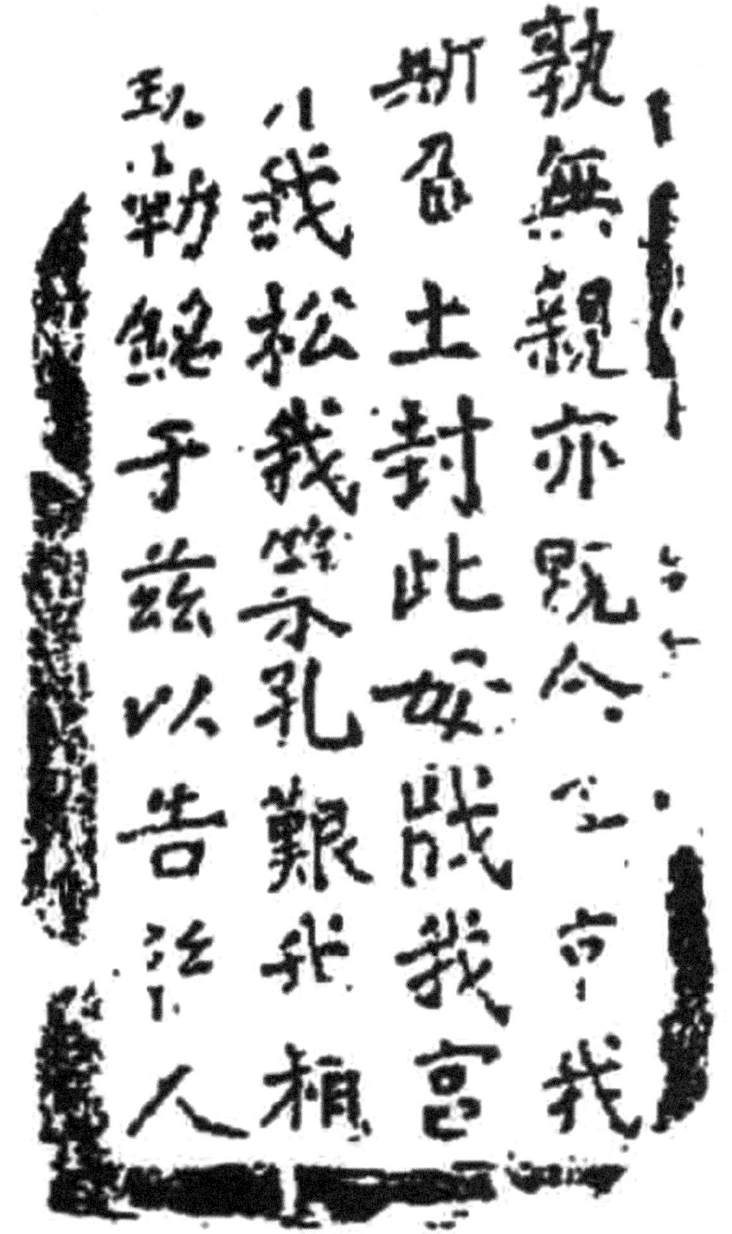

范通直墓磚（第三種）

范致祥墓磚（第一種） 崇寧三年（1104）

名稱：范致祥（仲和）墓磚（第一種）
文獻形態：此墓磚爲墓壁用磚，共計160余塊。墓磚尺寸不詳。誌文正書3行，滿行11字。
卒葬時間：崇寧三年（1104）葬。
文獻著録：劉玉生、魏仁華《河南方城金湯寨北宋范致祥墓》，《文物》1988年第11期，第39、61—65頁；安然《青島崇漢軒館藏北宋范府君墓磚考辨及其他》，青島崇漢軒漢畫像磚博物館、文物出版社編《全國第三届碑帖學術研討會論文集》，文物出版社，2014年版，第90頁。
出土情況：1986年河南省方城縣古莊店鄉金湯寨村出土。

録文：有宋崇寧壬午爲南安判官//范仲和之墓。於戲！愷悌君子，//卜宅于兹，尚千萬年其永固。

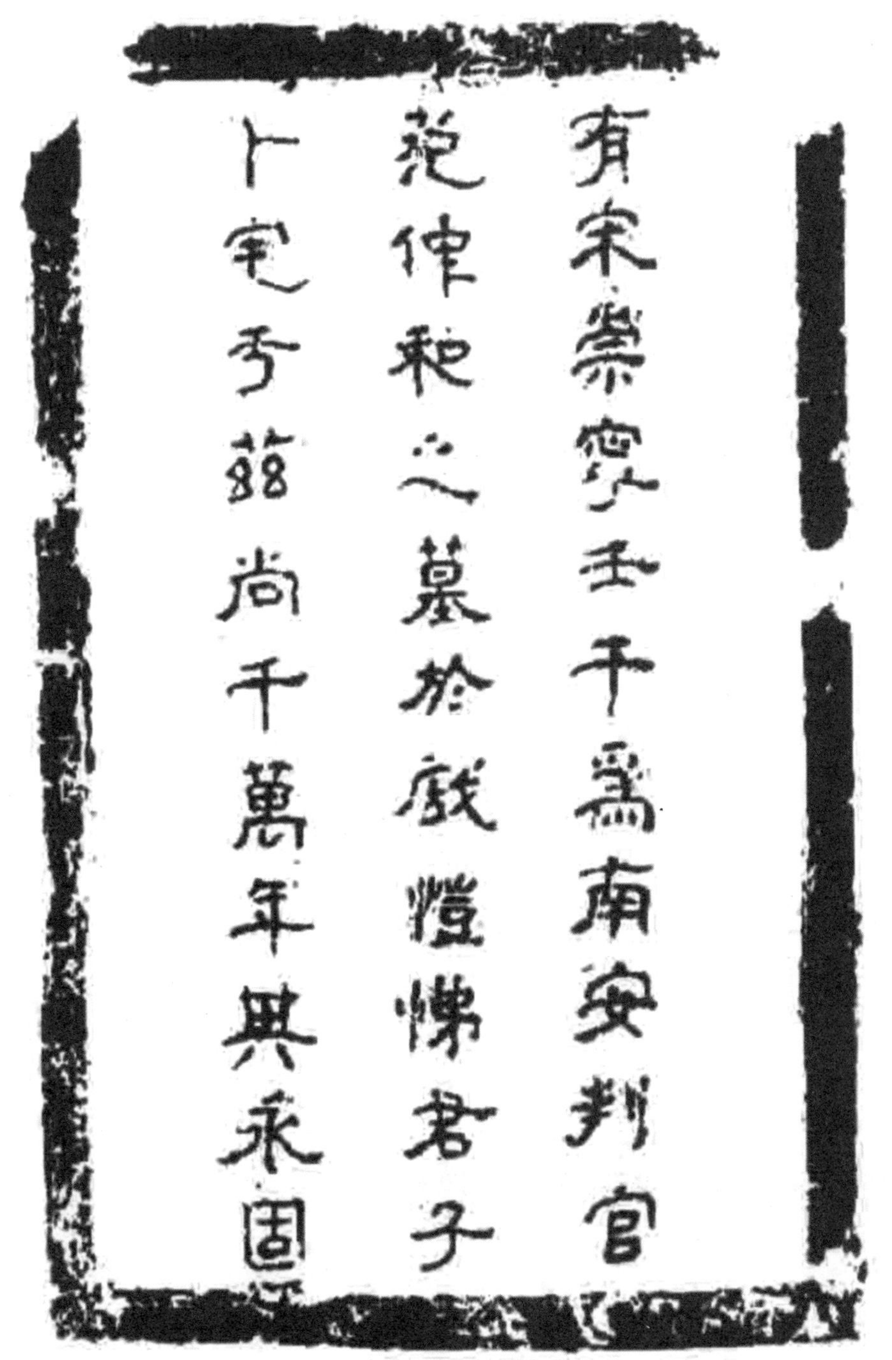

范致祥墓磚（第一種）

范致祥墓誌（第二種） 崇寧三年（1104）

名稱： 范致祥墓誌（第二種）
文獻形態： 墓誌 1：長 235 厘米，寬 55 厘米，誌文正書 5 行，每行 19—22 字。墓誌 2：長 180 厘米，寬 55 厘米，誌文正書 5 行，每行 14—15 字。墓誌 3：長 145 厘米，寬 55 厘米，誌文正書 4 行，每行 10—14 字。
卒葬時間： 崇寧二年（1103）卒，崇寧三年（1104）葬。
文獻著録： 劉玉生、魏仁華《河南方城金湯寨北宋范致祥墓》，《文物》1988 年第 11 期，第 39、61—65 頁；安然《青島崇漢軒館藏北宋范府君墓磚考辨及其他》，青島崇漢軒漢畫像磚博物館、文物出版社編《全國第三届碑帖學術研討會論文集》，文物出版社，2014 年版，第 90 頁。
出土情況： 1986 年河南省方城縣古莊店鄉金湯寨村出土。

録文：

墓誌 1：有宋范氏長兄編修國朝會要所檢閲文字致君、次兄//殿中侍御史致明、尚書兵部侍郎兼侍講同修國//史致虚、季弟國學進士致厚，同葬歿故南安軍判//官致祥于先府君通直墓之東北隅。鴒原之痛，風樹//纏悲。嗚呼哀哉！崇寧二年七月卜地，次年四月六日掩壙。

墓誌 2：宋故亡弟南安軍判官范仲和哀挽詞：//嗟汝平生最可傷，少年丹桂蚤芬芳。一//門春色先常棣，萬里秋風起雁行。何事//遠官留庾嶺，竟罹煙瘴殞蠻荒。佳城永//閟依先壟，極目東山抱九岡。致君題。

墓誌 3：宋崇寧三年爲南安軍判//官范仲和之墓。於戲！愷悌//君子，卜宅於兹。億萬斯年，//尚其永固。男寅恭、寅賓、寅用泣血書。

墓誌 1　　墓誌 2　　墓誌 3

范致祥墓誌（第二種）

應□墓記磚　崇寧四年（1105）閏二月二十五日

名稱：應□墓記磚（甲子黄字號）
文獻形態：墓磚長 30 厘米，寬 15 厘米，厚 5 厘米。誌文正書 3 行 33 字。
卒葬時間：崇寧四年（1105）閏二月二十五日葬。
文獻著録：三門峽市文物工作隊編《北宋陝州漏澤園》，文物出版社，1999 年版，第 328 頁。
出土情況：河南省三門峽市出土。

録文：甲子黄字號。崇寧四年閏二月∥二十五日，城東厢撿訖軍將應∥□尸首，仵作行人葬埋過。

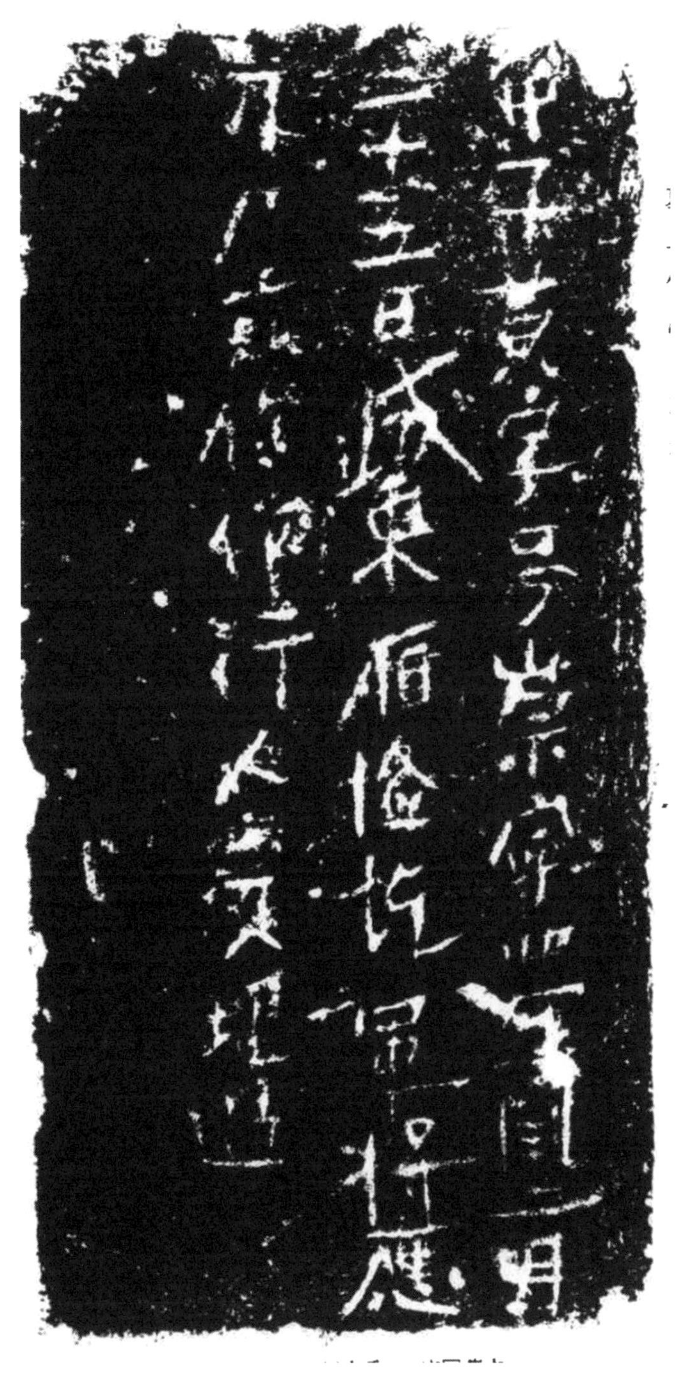

應□墓記磚

辰字號墓磚　崇寧四年（1105）三月十三日

名稱：辰字號墓磚

文獻形態：磚誌長、寬均32厘米，蓋長32厘米，寬31厘米。誌文正書4行23字；誌蓋無字，有花纹。

卒葬時間：崇寧四年（1105）三月十三日葬。

文獻著録：羅振玉撰，王元化、張本義、蕭文立編《蒿里遺文目録三下・專誌徵存目録下》，西泠印社出版社，2005年版；北京圖書館金石組編《北京圖書館藏中國歷代石刻拓本彙編》，中州古籍出版社，1989年版，第41册第112頁。

出土情況：出土地不詳。

録文：辰字號。崇寧四//年三月十三日，葬埋//檢訖。□人劉客户謹誌。

辰字號墓磚

劉善墓記磚　崇寧四年（1105）三月十八日

名稱：劉善墓記磚（效字號）

文獻形態：青色墓磚，長、寬均 32 厘米，厚 3 厘米。誌文正書 4 行，共計 16 字。

卒葬時間：崇寧四年（1105）三月十八日葬。

文獻著録：樊英民《山東兖州出土的宋代漏澤園墓磚》，《考古》2002 年第 1 期，第 96 頁。

出土情況：山東省兖州市出土。

録文：崇寧四年∥三月十八日，∥兵士劉善。∥效字號。

劉善墓記磚

無名氏軍人墓記磚（甲子生字號） 崇寧四年（1105）十一月十七日

名稱：無名氏軍人墓記磚（甲子生字號）
文獻形態：墓磚長 30 厘米，寬 15 厘米，厚 4 厘米。誌文正書 2 行 24 字。
卒葬時間：崇寧四年（1105）十一月十七日葬。
文獻著録：三門峽市文物工作隊編《北宋陝州漏澤園》，文物出版社，1999 年版，第 90 頁。
出土情況：河南省三門峽市出土。

録文：甲子生字號。不知姓名軍人，//崇寧四年十一月十七日葬埋訖。

無名氏軍人墓記磚（甲子生字號）

無名氏墓磚　崇寧四年（1105）十二月

名稱：無名氏墓磚

文獻形態：墓磚長、寬均 31 厘米，厚 7 厘米。誌文正書殘存 2 行 10 字。

卒葬時間：崇寧四年（1105）十二月葬。

文獻著録：賀官保《西京洛陽漏澤園墓磚》，文物編輯委員會編《文物資料叢刊》第 7 集，文物出版社，1983 年版，第 155 頁。

出土情況：河南省洛陽市出土。

録文：［上缺］十年已上［下缺］//崇寧四年十二［下缺］。

無名氏墓磚

阿劉墓誌　崇寧四年（1105）十二月一日

名稱：阿劉墓誌（甲子伍拾四字號）
文獻形態：墓磚長、寬均 30 厘米，厚 5 厘米。誌文正書 4 行 40 字。
卒葬時間：崇寧四年（1105）十二月一日葬。
文獻著録：三門峽市文物工作隊編《北宋陝州漏澤園》，文物出版社，1999 年版，第 114 頁。
出土情况：河南省三門峽市出土。

録文：甲子伍拾四字號。//本府左厢貧子院[1]賈貴抬//舁到婦人阿劉，河中府人事，//崇寧四年十二月一日收葬訖。

［1］貧子院：宋代的慈善機構之一。《事物紀原》卷七載："貧子院，事始曰開元二十二年。"唐政府置貧子院給乞兒養病和廪食。宋代慈善機構还有居養院、安濟坊和漏澤園等。

楊和墓記磚（第一種）　崇寧四年（1105）十二月二十九日

名稱：楊和墓記磚（第一種）
文獻形態：墓磚長 30 厘米，寬 22 厘米，厚 3 厘米。誌文正書 4 行 32 字。
卒葬時間：崇寧四年（1105）十二月二十九日葬。
文獻著録：三門峽市文物工作隊編《北宋陝州漏澤園》，文物出版社，1999 年版，第 156 頁。
出土情况：河南省三門峽市出土。

録文：□□玖拾□□□□。//東門遞鋪身死兵士//楊和，崇寧四年十二//月二十九日葬埋訖。

阿劉墓誌

楊和墓記磚（第二種） 崇寧四年（1105）

名稱：楊和墓記磚（讓字號，第二種）
文獻形態：墓磚長 28 厘米，寬 20 厘米，厚 4 厘米。誌文正書 4 行 46 字。
卒葬時間：崇寧四年（1105）葬。
文獻著録：三門峽市文物工作隊編《北宋陝州漏澤園》，文物出版社，1999 年版，第 155 頁。
出土情況：河南省三門峽市出土。

録文：讓字號。東門遞鋪身死兵∥士楊和，年約二十七八，十二月二十八日∥撿驗了當，十二月二十九日依∥條立峰，葬埋記識訖。

有字號墓磚 崇寧五年（1106）正月初七日

名稱：有字號墓磚
文獻形態：墓磚長 31 厘米，寬 32 厘米。誌文正書 4 行 31 字。
卒葬時間：崇寧五年（1106）正月初七日葬。
文獻著録：羅振玉《專誌徵存》，民國七年（1918）上虞羅氏石印本；北京圖書館金石組編《北京圖書館藏中國歷代石刻拓本彙編》，中州古籍出版社，1989 年版，第 41 册第 123 頁。
出土情況：出土地不詳。

録文：有字號。崇寧五年∥正月初七日葬訖。本∥縣安濟坊身死商□∥□騎弟六兵士□□。

有字號墓磚

崇寧五年瘞骨磚　崇寧五年（1106）六月

名稱：崇寧五年瘞骨磚（盈字號）

文獻形態：誌石尺寸不詳。誌文正書残存 4 行 24 字。

卒葬時間：崇寧五年（1106）六月葬。

文獻著録：趙生泉《新近出土磚拓十種》,《中國書畫》2004 年 8 期，第 109 頁。

出土情況：河北省靈壽縣出土。

録文：［上缺］於崇寧五年六月，//在賈良村青廉□，//無人識認。至當//□埋瘞訖。盈字。

崇寧五年瘗骨磚

無名氏男子墓記磚（闕字號） 崇寧五年（1106）七月二十日

名稱：無名氏男子墓記磚（闕字號）
文獻形態：墓磚近方形，長、寬均 31 厘米。誌文正書 5 行 28 字。
卒葬時間：崇寧五年（1106）七月二十日葬。
文獻著録：羅振玉撰，王元化、張本義、蕭文立編《蒿里遺文目録三下・專誌徵存目録下》，西泠印社出版社，2005 年版；殷蓀《中國磚銘》，江蘇美術出版社，1998 年版，圖版下册第 1120 頁；胡海帆、湯燕編《中國古代磚刻銘文集》，文物出版社，2008 年版，上册第 347 頁、下册第 234 頁。
出土情況：河南省獲嘉縣出土。

録文：獲嘉縣於崇寧//五年七月二十//四日，葬過無主//男子尸首於闕//字號，埋訖。

無名氏男子墓記磚（關字號）

無名氏軍人墓記磚（光字號） 崇寧五年（1106）十月二十一日

名稱：無名氏軍人墓記磚（光字號）
文獻形態：墓磚近方形，長、寬均31厘米。誌文正書4行28字。
卒葬時間：崇寧五年（1106）十月二十一日葬。
文獻著録：羅振玉撰，王元化、張本義、蕭文立編《蒿里遺文目録三下・專誌徵存目録下》，西泠印社出版社，2005年版；殷蓀《中國磚銘》，江蘇美術出版社，1998年版，圖版下册第1120頁；胡海帆、湯燕編《中國古代磚刻銘文集》，文物出版社，2008年版，上册第348頁、下册第234頁。
出土情况：河南省獲嘉縣出土。

録文：獲嘉縣於崇寧五//年十月二十一日，//葬過無主軍人尸//首於光字號，埋訖。

無名氏軍人墓記磚（光字號）

崇寧五年残墓記磚　崇寧五年（1106）十月

名稱：崇寧五年残墓記磚（乙丑九十號）
文獻形態：墓磚長 30.5 厘米，寬 21.7 厘米。誌文殘存行書 2 行 14 字。
卒葬時間：崇寧五年（1106）十月葬。
文獻著録：胡海帆、湯燕編《中國古代磚刻銘文集》，文物出版社，2008 年版，上册第 351 頁、下册第 236 頁。
出土情況：河南省洛陽市老集出土，藏中國社會科學院考古研究所考古博物館洛陽分館。

録文：乙丑九十號。丁安，汝州∥［下缺］崇寧五年十∥［下缺］。

崇寧五年残墓記磚

李二哥墓記磚　崇寧五年（1106）十一月一日

名稱：李二哥墓記磚（果字號）
文獻形態：墓磚近方形，長、寬均 31 厘米。誌文正書 5 行 29 字。
卒葬時間：崇寧五年（1106）十一月一日葬。
文獻著録：羅振玉撰，王元化、張本義、蕭文立編《蒿里遺文目録三下・專誌徵存目録下》，西泠印社出版社，2005 年版；殷蓀《中國磚銘》，江蘇美術出版社，1998 年版，圖版下册第 1121 頁；胡海帆、湯燕編《中國古代磚刻銘文集》，文物出版社，2008 年版，上册第 348 頁、下册第 234 頁。
出土情況：河南省獲嘉縣出土。

録文：獲嘉縣於崇寧∥五年十一月初一∥日，葬過無主李∥二哥尸首於果∥字號，埋訖。

李二哥墓記磚

黄安墓記磚　崇寧五年（1106）十一月初四日

名稱：黄安墓記磚（珍字號）

文獻形態：墓磚近方形，長、寬均 31 厘米。誌文正書 4 行 28 字。

卒葬時間：崇寧五年（1106）十一月初四日葬。

文獻著録：羅振玉撰，王元化、張本義、蕭文立編《蒿里遺文目録三下・專誌徵存目録下》，西泠印社出版社，2005 年版，第 11 頁；北京圖書館金石組編《北京圖書館藏中國歷代拓本彙編》，中州古籍出版社，1990 年版，第 41 册第 133 頁；殷蓀《中國磚銘》，江蘇美術出版社，1998 年版，圖版下册第 1121 頁；胡海帆、湯燕編《中國古代磚刻銘文集》，文物出版社，2008 年版，上册第 348 頁、下册第 234—235 頁。

出土情況：河南省獲嘉縣出土。

録文：獲嘉縣於崇寧∥五年十一月初四∥日，葬過軍人黄安∥尸首於珍字號，埋訖。

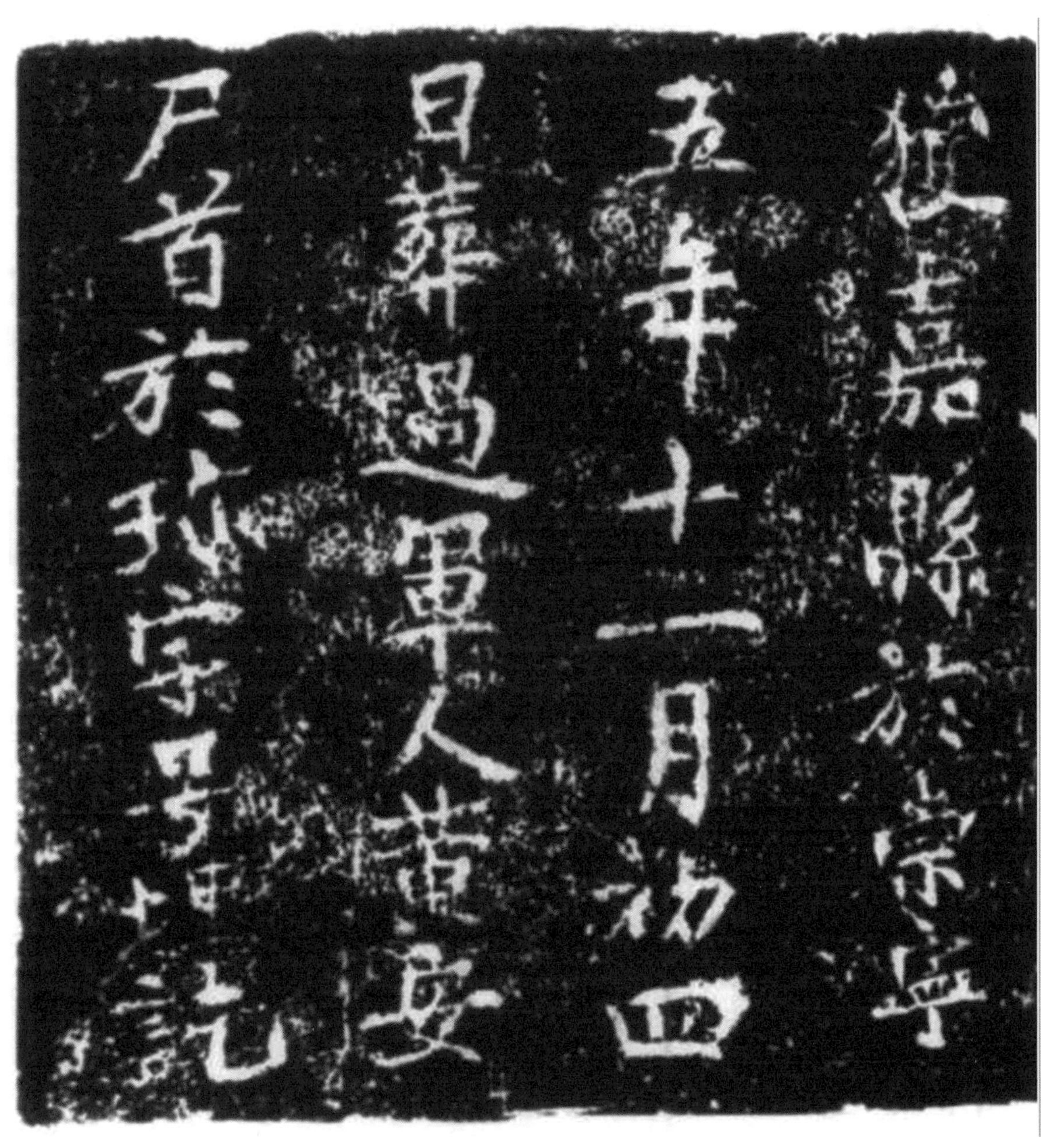

黄安墓記磚

唐吉墓記磚（名字號，第一種） 崇寧五年（1106）十二月十九日

名稱：唐吉墓記磚（名字號，第一種）
文獻形態：墓磚近方形，長、寬均爲 30 厘米，厚 5 厘米。誌文正書 4 行 35 字。
卒葬時間：崇寧五年（1106）十二月十九日葬。
文獻著録：三門峽市文物工作隊編《北宋陝州漏澤園》，文物出版社，1999 年版，第 199 頁。
出土情況：河南省三門峽市出土。

録文：名字號。熙州第六十四指//揮兵士唐吉，年約五十三四//歲，崇寧五年十二月十九日//葬埋記。

唐吉墓記磚（名字號，第二種） 崇寧五年（1106）十二月十九日

名稱：唐吉墓記磚（名字號，第二種）
文獻形態：墓磚近方形，長、寬均爲 30 厘米，厚 5 厘米。誌文正書 4 行 36 字。
卒葬時間：崇寧五年（1106）十二月十九日葬。
文獻著録：三門峽市文物工作隊編《北宋陝州漏澤園》，文物出版社，1999 年版，第 200 頁。
出土情況：河南省三門峽市出土。

録文：名字號。熙州保寧第六十//四指揮兵士唐吉，年約五十三//四歲，崇寧五年十二月十九//日埋記。

無名氏軍人墓磚（丙寅拾二字號） 崇寧五年（1106）十二月二十一日

名稱：無名氏軍人墓磚（丙寅拾二字號）
文獻形態：墓磚近方形，長 31 厘米，寬 30.5 厘米，厚 4.5 厘米。誌文正書 4 行 31 字。
卒葬時間：崇寧五年（1106）十二月二十一日葬。
文獻著録：三門峽市文物工作隊編《北宋陝州漏澤園》，文物出版社，1999 年版，第 201 頁。
出土情況：河南省三門峽市出土。

録文：丙寅拾二字號。城//東厢身死不知姓//名軍人，崇寧五//年十二月二十一日葬訖。

張寧墓磚（表字號，第一種） 崇寧五年（1106）十二月二十三日

名稱：張寧墓磚（表字號，第一種）
文獻形態：墓磚近方形，長 30 厘米，寬 30.5 厘米，厚 5 厘米。誌文正書 4 行 34 字。
卒葬時間：崇寧五年（1106）十二月二十三日葬。
文獻著録：三門峽市文物工作隊編《北宋陝州漏澤園》，文物出版社，1999 年版，第 203 頁。
出土情況：河南省三門峽市出土。

録文：表字號。東京宣武指//揮兵士張寧，年約三十七//八歲，崇寧五年十二月二//十三日葬埋記。

張寧墓磚（表字號，第二種） 崇寧五年（1106）十二月二十三日

名稱：張寧墓磚（表字號，第二種）
文獻形態：墓磚近方形，長、寬均 30.5 厘米，厚 4.5 厘米。誌文正書 4 行 34 字。
卒葬時間：崇寧五年（1106）十二月二十三日葬。
文獻著録：三門峽市文物工作隊編《北宋陝州漏澤園》，文物出版社，1999 年版，第 204 頁。
出土情況：河南省三門峽市出土。

録文：表字號。東京宣武指//揮兵士張寧，年約三十七//八歲，崇寧十二月二十三日//葬埋記。

張仁福墓磚　崇寧五年（1106）十二月二十四日

名稱：張仁福墓磚（正字號）
文獻形態：墓磚近方形，長、寬均 30 厘米，厚 4.5 厘米。誌文正書 4 行 33 字。
卒葬時間：崇寧五年（1106）十二月二十四日葬。
文獻著録：三門峽市文物工作隊編《北宋陝州漏澤園》，文物出版社，1999 年版，第 205 頁。
出土情況：河南省三門峽市出土。

録文：正字號。本縣南村百姓//張仁福，年約六十六七歲，//崇寧五年十二月二十四日//葬埋記。

無名氏軍人墓記磚（空字號，第一種） 崇寧五年（1106）十二月二十七日

名稱：無名氏軍人墓記磚（空字號，第一種）
文獻形態：墓磚近方形，長、寬均 30.5 厘米，厚 5 厘米。誌文正書 4 行 30 字。
卒葬時間：崇寧五年（1106）十二月二十七日葬。
文獻著録：三門峽市文物工作隊編《北宋陝州漏澤園》，文物出版社，1999 年版，第 206 頁。
出土情况：河南省三門峽市出土。

録文：空字號。城東厢身死//不知姓名軍人，年約四十//六七歲，崇寧五年十二月//二十七日葬埋記。

無名氏軍人墓記磚（空字號，第二種） 崇寧五年（1106）十二月二十七日

名稱：無名氏軍人墓記磚（空字號，第二種）
文獻形態：墓磚近方形，長、寬均 30.5 厘米，厚 5 厘米。誌文正書 4 行 30 字。
卒葬時間：崇寧五年（1106）十二月二十七日葬。
文獻著録：三門峽市文物工作隊編《北宋陝州漏澤園》，文物出版社，1999 年版，第 207 頁。
出土情况：河南省三門峽市出土。

録文：空字號。城東厢身死//不知姓名軍人，年約四十//六七歲，崇寧五年十二月//二十七日葬埋記。

趙信墓磚　崇寧年間（1102—1106）十二月二十一日

名稱：趙信墓磚
文獻形態：墓磚近方形，長 31 厘米，寬 30.5 厘米，厚 4.5 厘米。誌文正書殘存 4 行 17 字。
卒葬時間：崇寧年間（1102—1106）十二月二十一日葬。
文獻著録：三門峽市文物工作隊編《北宋陜州漏澤園》，文物出版社，1999 年版，第 202 頁。
出土情況：河南省三門峽市出土。

録文：［上缺］字號。同//［上缺］趙信，崇寧//［上缺］年十二月二十一日//葬訖。

馬元墓記磚　大觀元年（1107）四月二十五日

名稱：馬元墓記磚
文獻形態：墓磚近方形，長 33.5 厘米，寬 32.5 厘米，厚 5 厘米；誌文正書 7 行 38 字。
卒葬時間：大觀元年（1107）四月二十五日葬。
文獻著録：［清］端方輯《陶齋藏石記》卷四〇，藝文印书馆，1976 年影印本；羅振玉《專誌徵存》，民國七年（1918）上虞羅氏石印本；北京圖書館金石組編《北京圖書館藏中國歷代石刻拓本彙編》，中州古籍出版社，1989 年版，第 41 册第 142 頁；徐自强主編《北京圖書館藏墓誌拓片目録》，中華書局，1990 年版，第 449 頁；殷蓀《中國磚銘》，江蘇美術出版社，1998 年版，圖版下册第 1122 頁；胡海帆、湯燕編《中國古代磚刻銘文集》，文物出版社，2008 年版，上册第 351 頁、下册第 236 頁。
出土情況：端方舊藏，1952 年後藏故宫博物院。

録文：律。//準縣尉公文詣//居養所擒得//居養人馬元，因卒患身死，//依條葬漏澤//園。大觀元年四月廿五日記。

馬元墓記磚

無名氏墓記磚（羔字號） 大觀元年（1107）五月二十一日

名稱：無名氏墓記磚（羔字號）
文獻形態：墓磚尺寸不詳。誌文正書 5 行 25 字。
卒葬時間：大觀元年（1107）五月二十一日葬。
文獻著録：何正璜《宋無名氏墓磚》,《文物》1966 年第 1 期，第 53—54 頁；胡海帆、湯燕編《中國古代磚刻銘文集》，文物出版社，2008 年版，上册第 351 頁、下册第 237 頁。
出土情況：1960 年陝西省岐山縣出土，藏陝西省博物館。

録文：羔字號。五姓保//姜亮，送到骨//殖一副，訖。大觀//元年五月二十//一日。

無名氏墓記磚（羔字號）

無名氏墓記磚（王字號） 大觀元年（1107）六月二十一日

名稱：無名氏墓記磚（王字號）

文獻形態：墓磚近方形，長、寬均 35 厘米。誌文正書 6 行 55 字。

卒葬時間：大觀元年（1107）六月二十一日葬。

文獻著録：楊紹舜《吕梁縣發現了罐葬墓群》，《文物》1959 年第 6 期，第 75 頁；胡海帆、湯燕編《中國古代磚刻銘文集》，文物出版社，2008 年版，上册第 351 頁、下册第 237 頁。

出土情況：1956 年山西省吕梁地區出土。

録文：王字號。歸仁鄉東吳//村根括到不知姓名暴//露男子骸骨一副。不記//年月日身死，并無子孫、父//母、兄弟，於大觀元年六[1]//二十一日葬訖。給地捌赤。

[1] 漏刻“月”字。

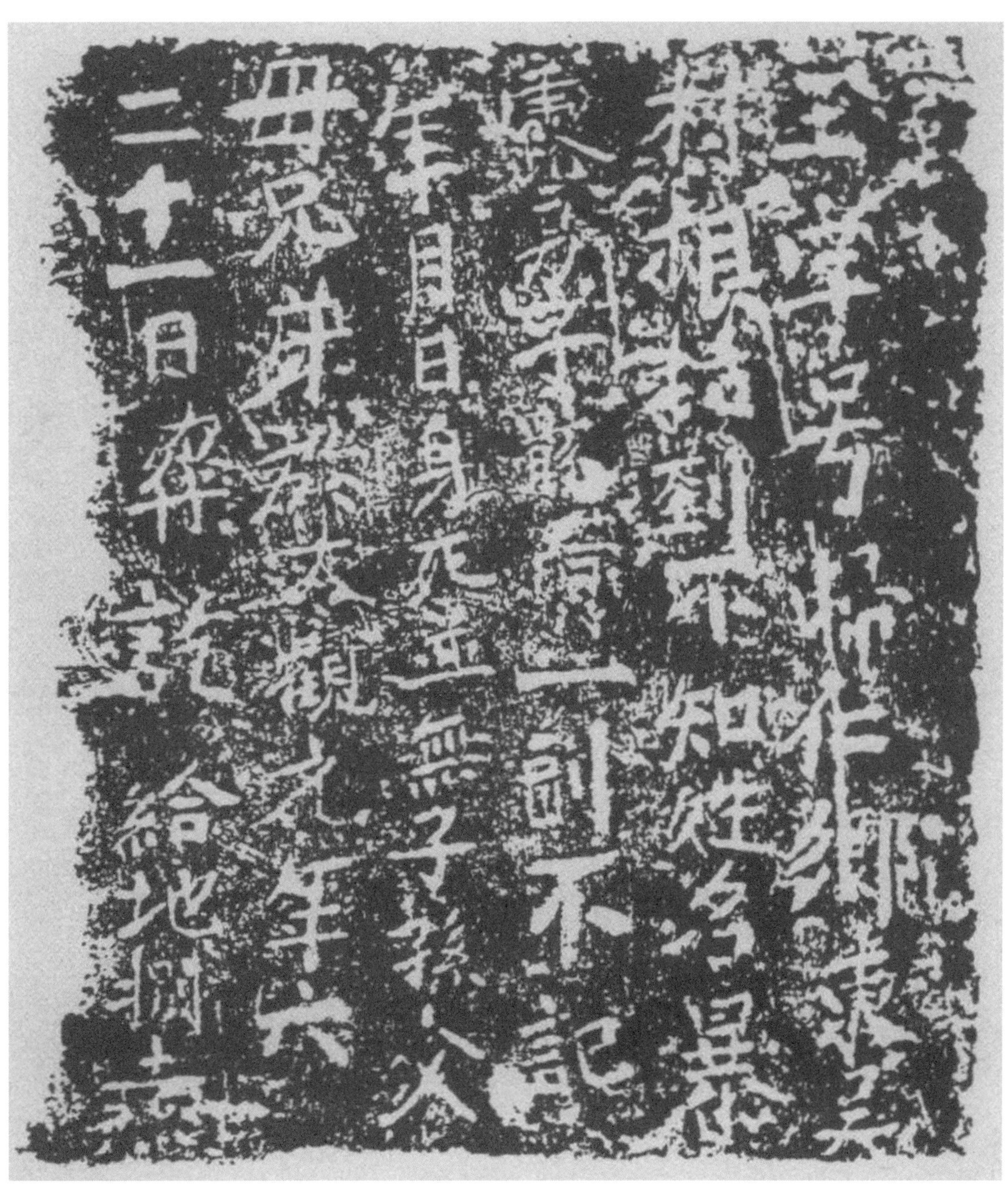

無名氏墓記磚（王字號）

王普墓記磚　大觀元年（1107）九月二十五日

名稱：王普墓記磚（宇字號）
文獻形態：墓磚近方形，長、寬均 36 厘米，厚 6 厘米。誌文正書 5 行 41 字。
卒葬時間：大觀元年（1107）九月二十五日葬。
文獻著録：楊寧國主編《彭陽縣文物志》，寧夏人民出版社，2003 年版，第 147 頁；胡海帆、湯燕編《中國古代磚刻銘文集》，文物出版社，2008 年版，上册第 352 頁、下册第 237 頁。
出土情況：2000 年寧夏回族自治區彭陽縣白陽鎮姚河村出土，藏彭陽縣文物站。

録文：宇字號。本城無主百姓王∥普於熙寧廿年四月∥十五日寄在壽聖∥院，至大觀元年九月二十∥五日殯葬于此。

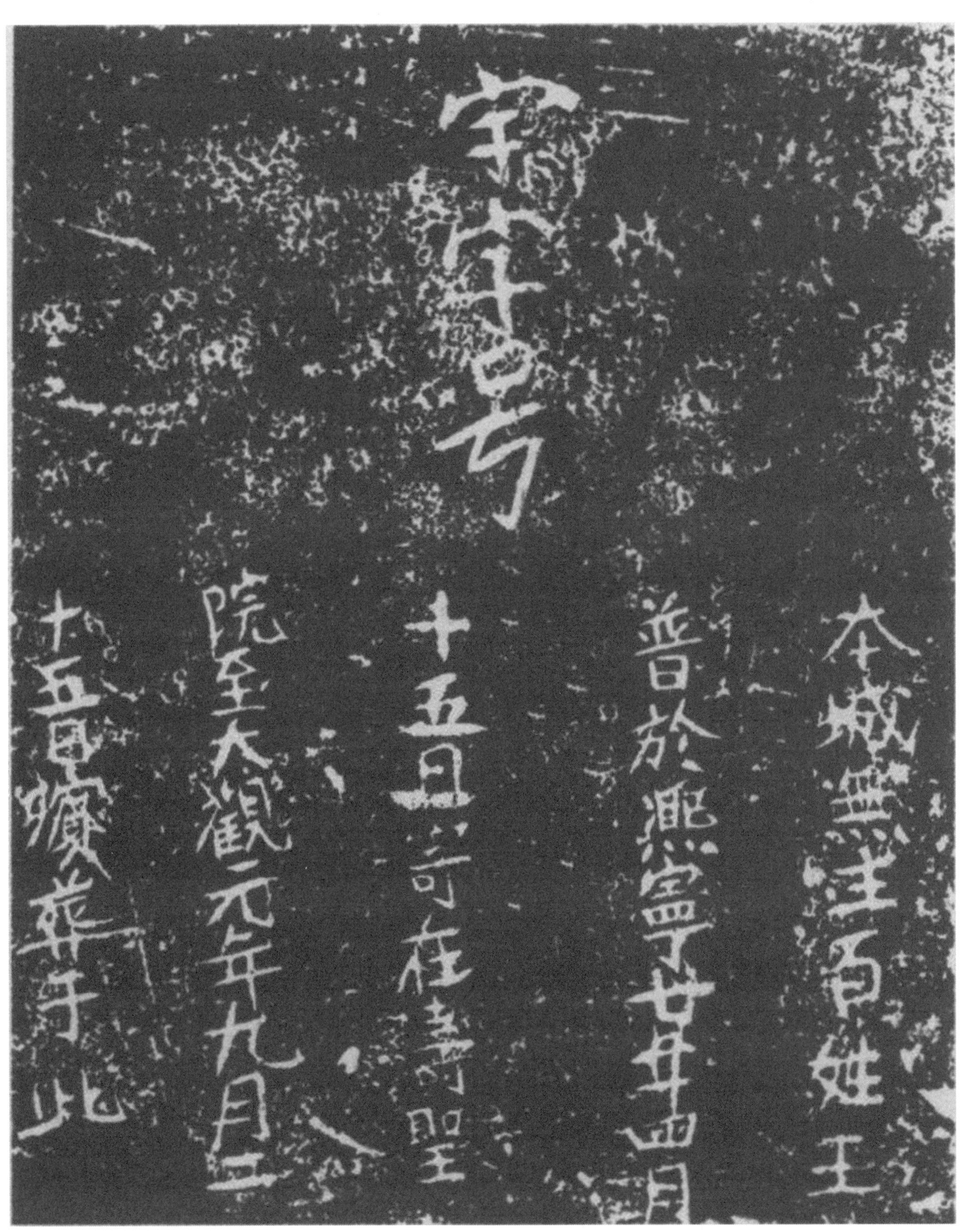

王普墓記磚

張元墓記磚　大觀元年（1107）九月二十六日

名稱：張元墓記磚（慶字號）
文獻形態：墓磚尺寸不詳。誌文正書4行29字。
卒葬時間：大觀元年（1107）九月二十六日葬。
文獻著録：羅振玉《專誌徵存》，民國七年（1918）上虞羅氏石印本；王壯弘、馬成名編《六朝墓誌檢要》，上海書畫出版社，1985年版，第207頁（作“西魏”）；胡海帆、湯燕編《中國古代磚刻銘文集》，文物出版社，2008年版，上册第352頁、下册第237頁。
出土情况：清末出土，曾歸定海方若。

録文：慶字號。大觀元年//九月二十六日葬訖。//本縣□武第八指揮//單身兵士張元。

張元墓記磚

無名氏墓記磚（名字號） 大觀元年（1107）閏十月二十六日

名稱：無名氏墓記磚（名字號）
文獻形態：墓磚尺寸不詳。誌文正書7行51字。
卒葬時間：大觀元年（1107）閏十月二十六日葬。
文獻著録：何正璜《宋無名氏墓磚》,《文物》1966年第1期，第53—54頁；胡海帆、湯燕編《中國古代磚刻銘文集》，文物出版社，2008年版，上册第352頁、下册第237頁。
出土情況：1960年陝西省岐山縣出土，藏陝西省博物館。

録文：役龍邑保府村社∥王大义，送到院窠内∥不知的其年月身死∥無主骨直一副，給∥地八赤，今於名字號，∥大觀元年潤十月二∥十六日葬訖。

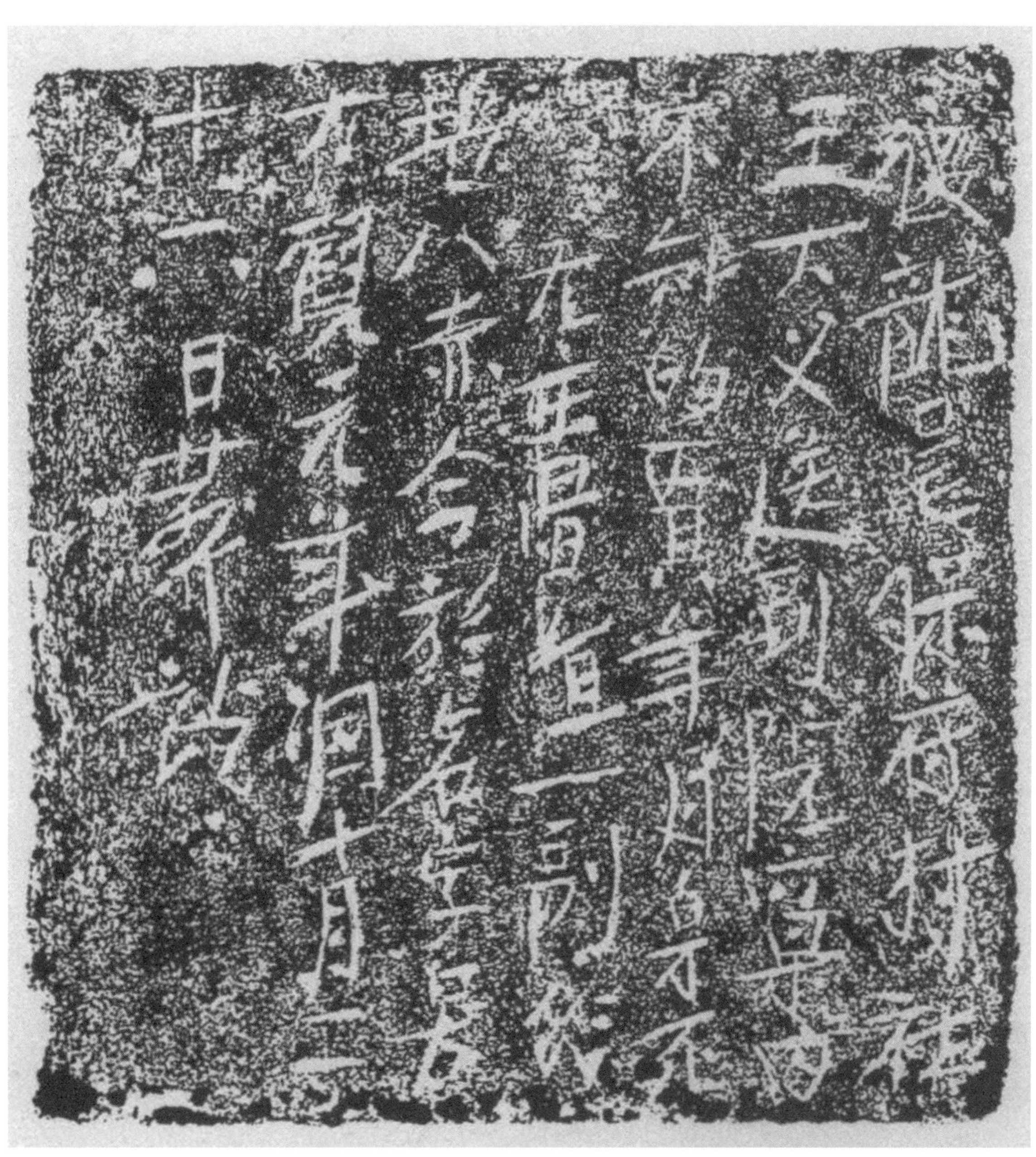

無名氏墓記磚（名字號）

張忙歌墓記磚　大觀元年（1107）十二月七日

名稱： 張忙歌墓記磚（雲字號）
文獻形態： 墓磚近方形，長、寬均 30 厘米。誌文正書 5 行 29 字。
卒葬時間： 大觀元年（1107）十二月七日葬。
文獻著録： 胡海帆、湯燕編《中國古代磚刻銘文集》，文物出版社，2008 年版，上册第 352 頁、下册第 238 頁。
出土情況： 出土地不詳。

録文： 雲字號。威勇軍//人男張忙歌。大//觀元年十二月初七日，威勇軍人張//開送［下缺］。

李忠墓記磚　大觀二年（1108）正月十九日

名稱： 李忠墓記磚（戊辰貳字號）
文獻形態： 墓磚近方形，長 31 厘米，寬 31.5 厘米，厚 5 厘米。誌文行書 5 行 37 字。
卒葬時間： 大觀二年（1108）正月十九日葬。
文獻著録： 三門峽市文物工作隊編《北宋陝州漏澤園》，文物出版社，1999 年版，第 266 頁；胡海帆、湯燕編《中國古代磚刻銘文集》，文物出版社，2008 年版，上册第 353 頁、下册第 238 頁。
出土情況： 1985 年至 1994 年間河南省三門峽市上村嶺向陽村出土。

録文： 戊辰貳字號。//使衙判送下在州安//濟坊抬到解州蓮//花鋪兵士李忠，大觀//二年正月十九日葬訖。

張忙歌墓記磚

商文墓記磚　大觀二年（1108）七月三日

名稱： 商文墓記磚（戊辰肆拾三字號）

文獻形態： 墓磚近方形，長、寬均 30.5 厘米，厚 5 厘米。誌文行書 7 行 40 字。

卒葬時間： 大觀二年（1108）七月三日葬。

文獻著録： 三門峽市文物工作隊編《北宋陝州漏澤園》，文物出版社，1999 年版，第 279 頁；胡海帆、湯燕編《中國古代磚刻銘文集》，文物出版社，2008 年版，上册第 353 頁、下册第 238 頁。

出土情況： 1985 年至 1994 年間河南省三門峽市上村嶺向陽村出土。

録文： 戊辰肆拾三字號。//使衙判送下在州安濟坊//抬到汝州往武指揮兵//士商文，大觀二年七月初//三日葬訖。

袁小姐墓記磚（甲子假字號，第一種）　大觀三年（1109）二月十六日

名稱： 袁小姐墓記磚（甲子假字號，第一種）

文獻形態： 墓磚近方形，長 31 厘米，寬 31.3 厘米，厚 5.3 厘米。誌文行書 5 行 34 字。

卒葬時間： 大觀三年（1109）二月十六日葬。

文獻著録： 三門峽市文物工作隊編《北宋陝州漏澤園》，文物出版社，1999 年版，第 305 頁；胡海帆、湯燕編《中國古代磚刻銘文集》，文物出版社，2008 年版，上册第 353 頁、下册第 238 頁。

出土情況： 1985 年至 1994 年間河南省三門峽市上村嶺向陽村出土。

録文： 甲子假。左廂貧子//院賈青狀抬舁//到本府人婦人袁//小姐，二月十六日收//管，當日葬埋訖。

袁小姐墓記磚（甲子假字號，第一種）

袁小姐墓記磚（己巳陸拾柒字號，第二種） 大觀三年（1109）二月十六日

名稱： 袁小姐墓記磚（己巳陸拾柒字號，第二種）
文獻形態： 墓磚長 31 厘米，寬 20 厘米，厚 5 厘米。誌文行書殘存 4 行 25 字。
卒葬時間： 大觀三年（1109）二月十六日葬。
文獻著録： 三門峽市文物工作隊編《北宋陝州漏澤園》，文物出版社，1999 年版，第 306 頁；胡海帆、湯燕編《中國古代磚刻銘文集》，文物出版社，2008 年版，上册第 353 頁、下册第 238 頁。
出土情況： 1985 年至 1994 年間河南省三門峽市上村嶺向陽村出土。

録文： 己巳陸拾柒字號。//左厢貧子院抬到本//府人婦人袁小姐，大//觀三年［下缺］。

袁小姐墓記磚（甲子假字號，第三種） 大觀三年（1109）二月十六日

名稱： 袁小姐墓記磚（甲子假字號，第三種）
文獻形態： 墓磚長 30 厘米，寬 15.5 厘米，厚 5 厘米。誌文行書殘存 3 行 24 字。
卒葬時間： 大觀三年（1109）二月十六日葬。
文獻著録： 三門峽市文物工作隊編《北宋陝州漏澤園》，文物出版社，1999 年版，第 307 頁；胡海帆、湯燕編《中國古代磚刻銘文集》，文物出版社，2008 年版，上册第 354 頁、下册第 238 頁。
出土情況： 河南省三門峽市上村嶺向陽村出土。采集品，出土時間不詳。

録文： 甲子假。左厢貧子院賈青//狀抬到本府婦人袁//小姐，//二月十六日收葬訖。

無名氏墓記磚（丙寅德字號） 大觀三年（1109）十一月十一日

名稱：無名氏墓記磚（丙寅德字號）

文獻形態：墓磚長、寬均32厘米。誌文行書殘存5行35字。

卒葬時間：大觀三年（1109）十一月十一日葬。

文獻著録：魏仁華《河南南陽發現宋墓》,《考古》1966年第1期，第54頁；殷蓀《中國磚銘》，江蘇美術出版社，1998年版，圖版下册第1123頁；胡海帆、湯燕編《中國古代磚刻銘文集》，文物出版社，2008年版，上册第354頁、下册第238—239頁。

出土情況：1965年河南省南陽市東郊園藝廠出土，藏南陽市博物館。

録文：大觀三年十一月∥十一日，弟二都保正∥胡玉送到一副本地分∥沿右城下見。丙寅∥德字號葬。

無名氏墓記磚（丙寅德字號）

鄭吉墓記磚　大觀三年（1109）十二月廿三日

名稱：鄭吉墓記磚（庚午八十四字號）
文獻形態：墓磚長、寬均 31 厘米，厚 5 厘米。誌文行書 5 行 29 字。
卒葬時間：大觀三年（1109）十二月廿三日葬。
文獻著録：三門峽市文物工作隊編《北宋陝州漏澤園》，文物出版社，1999 年版，第 312 頁；胡海帆、湯燕編《中國古代磚刻銘文集》，文物出版社，2008 年版，上册第 354 頁、下册第 239 頁。
出土情況：河南省三門峽市上村嶺向陽村出土。采集品，出土時間不詳。

録文：庚午八十四字//號。左厢抬到□//州百姓鄭吉，大//觀三年十二月廿三//日收埋訖。

阿郭墓記磚　大觀三年（1109）十二月二十四日

名稱：阿郭墓記磚（庚午八十伍字號）
文獻形態：墓磚長、寬均 30 厘米，厚 5 厘米。誌文行書殘存 4 行 29 字。
卒葬時間：大觀三年（1109）十二月二十四日葬。
文獻著録：三門峽市文物工作隊編《北宋陝州漏澤園》，文物出版社，1999 年版，第 313 頁；胡海帆、湯燕編《中國古代磚刻銘文集》，文物出版社，2008 年版，上册第 354 頁、下册第 239 頁。
出土情況：河南省三門峽市上村嶺向陽村出土。采集品，出土時間不詳。

録文：庚午八十伍字號。//永定厢抬到王□//社婦人阿郭，大觀//[三]年十二月二十四［下缺］。

戴青墓記磚　大觀三年（1109）十二月廿四日

名稱：戴青墓記磚（庚午八十柒字號）

文獻形態：墓磚長 31.5 厘米，寬 31 厘米，厚 4.5 厘米。誌文行書 5 行 38 字。

卒葬時間：大觀三年（1109）十二月廿四日葬。

文獻著録：三門峽市文物工作隊編《北宋陝州漏澤園》，文物出版社，1999 年版，第 314 頁；胡海帆、湯燕編《中國古代磚刻銘文集》，文物出版社，2008 年版，上册第 355 頁、下册第 239 頁。

出土情況：河南省三門峽市上村嶺向陽村出土。采集品，出土時間不詳。

録文：庚午八十柒字號。//司法送到河中府//蕃落九十九指揮//兵士戴青，大觀三//年十二月二十四日埋訖。

戴青墓記磚

無名氏殘墓記磚（八十九字號） 大觀三年（1109）(十二月）廿六日

名稱：無名氏殘墓記磚（八十九字號）
文獻形態：墓磚尺寸不詳。誌文行書殘存 4 行 19 字。
卒葬時間：大觀三年（1109）(十二月）廿六日葬。
文獻著録：三門峽市文物工作隊編《北宋陝州漏澤園》，文物出版社，1999 年版，第 315 頁，圖版 89-2；胡海帆、湯燕編《中國古代磚刻銘文集》，文物出版社，2008 年版，上册第 355 頁、下册第 239 頁。
出土情況：河南省三門峽市上村嶺向陽村出土。采集品，出土時間不詳。

録文：[上缺] 八十九字號。//[上缺] □到三门婦 //[上缺] 大觀三年 //[上缺] 二十六日收 [下缺]。

浩望墓磚 大觀四年（1110）四月十九日

名稱：浩望墓磚（乙丑拾貳字號）
文獻形態：墓磚長 31 厘米，寬 16 厘米，厚 4.5 厘米。誌文正書 4 行，滿行 11 字。
卒葬時間：大觀四年（1110）四月十九日葬。
文獻著録：安建峰《山西晋城新發現宋代漏澤園墓誌考論》，《中國文物報》2017 年 2 月 10 日，第 6 版。
出土情況：山西省晋城市出土，現藏晋城博物館。

録文：乙丑拾貳字號。兵士浩望尸 // 首，本州左厢福田院身 // 死，無父母兄弟妻男。// 大觀四年四月十九日葬訖。

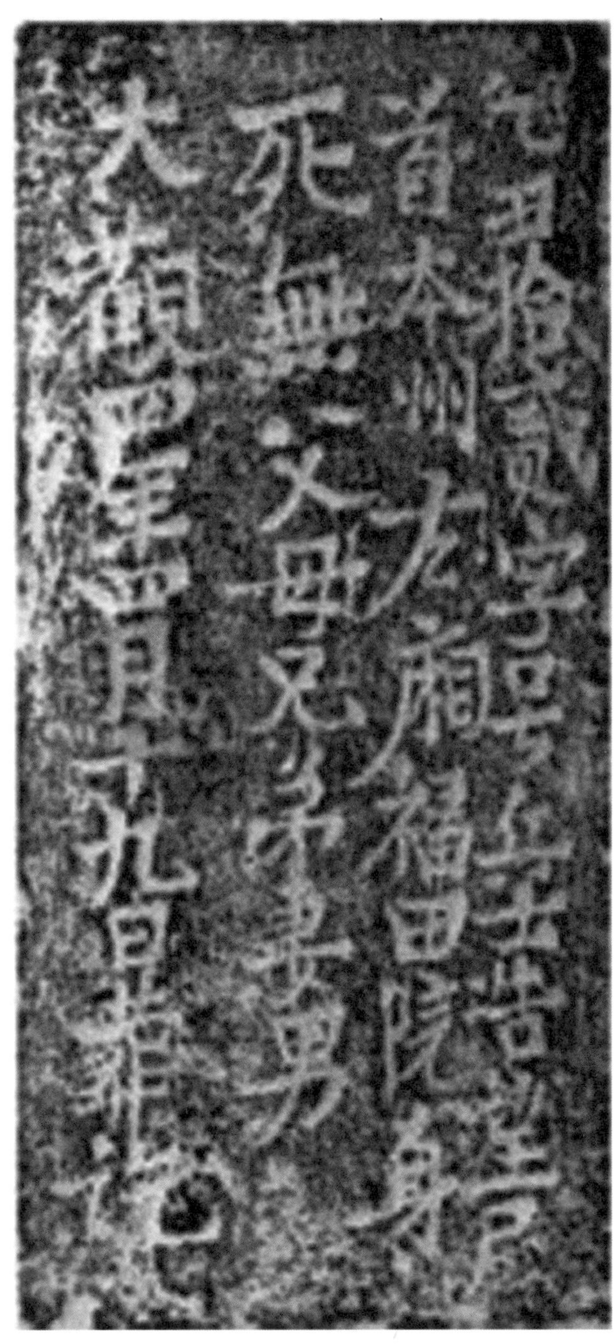

浩望墓磚

王惟習母祖婆墓記磚　大觀四年（1110）十月十四日

名稱：王惟習母祖婆墓記磚

文獻形態：墓磚長 31.5 厘米，寬 18.5 厘米。誌文正書 4 行 29 字。

卒葬時間：大觀四年（1110）十月十四日葬。

文獻著録：甘肅省文物考古研究所《甘肅天水市王家新窑宋代雕磚墓》，《考古》2002 年第 11 期，第 47 頁；胡海帆、湯燕編《中國古代磚刻銘文集》，文物出版社，2008 年版，上册第 355 頁、下册第 239—240 頁。

出土情況：1990 年甘肅省天水市秦城區王家新窑村出土。

録文：大宋大觀四年十月//十四日，葬王宅祖婆。//記之。孫子寶柱、//長子惟習等四人。

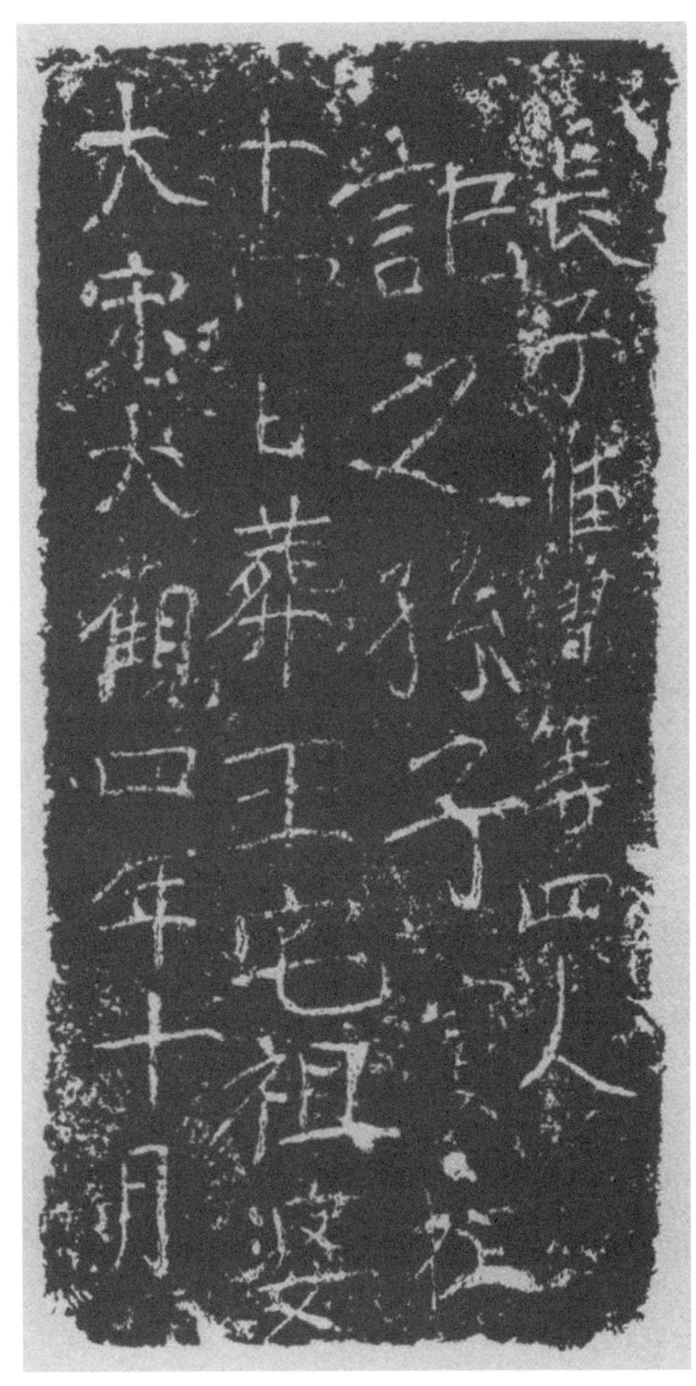

王惟習母祖婆墓記磚

徐志墓磚　大觀四年（1110）十二月二十五日

名稱：徐志墓磚（乙丑陸肆字號）
文獻形態：墓磚長 31 厘米，寬 16 厘米，厚 4.5 厘米。誌文正書 4 行，滿行 11 字。
卒葬時間：大觀四年（1110）十二月二十五日葬。
文獻著録：安建峰《山西晉城新發現宋代漏澤園墓誌考論》，《中國文物報》2017 年 2 月 10 日，第 6 版。
出土情況：山西省晉城市出土，現藏晉城市博物館。

録文：乙丑陸肆字號。百姓徐志尸//首，本縣弟二保室子店上身//死，無父母兄弟妻男。//大觀四年十二月二十五日葬訖。

徐志墓磚

無名氏墓記磚（丙寅□字號） 政和二年（1112）七月十七日

名稱：無名氏墓記磚（丙寅□字號）
文獻形態：墓磚長、寬均 31 厘米，厚 5 厘米。誌文正書 5 行 39 字。
卒葬時間：政和二年（1112）七月十七日葬。
文獻著録：魏仁華《河南南陽發現宋墓》，《考古》1966 年第 1 期，第 54 頁；殷蓀《中國磚銘》，江蘇美術出版社，1998 年版，圖版下册第 1125 頁；胡海帆、湯燕編《中國古代磚刻銘文集》，文物出版社，2008 年版，上册第 356 頁、下册第 240 頁。
出土情況：1965 年河南省南陽市東郊園藝廠出土，藏南陽市博物館。

録文：政和二年七月十七日，//第二都保正李善//送到遺骸一副，本地//分沿城東古堤下見。//丙寅□字號葬訖。

無名氏墓記磚（丙寅□字號）

丙寅伍拾伍字號墓磚　政和二年（1112）七月二十一日

名稱：丙寅伍拾伍字號墓磚
文獻形態：墓磚長 31 厘米，寬 16 厘米，厚 4.5 厘米。誌文正書 4 行，滿行 10 字。
卒葬時間：政和二年（1112）七月二十一日葬。
文獻著録：安建峰《山西晋城新發現宋代漏澤園墓誌考論》，《中國文物報》2017 年 2 月 10 日，第 6 版。
出土情況：山西省晋城市出土，現藏晋城博物館。

録文：丙寅伍拾伍字號。天井關//店身死不得姓名男子尸//首，無父母兄弟妻男住處。//政和二年七月二十一日葬訖。

彭琮墓記磚　政和三年（1113）十一月三十日

名稱：彭琮墓記磚（二十二字號）
文獻形態：墓磚長、寬均 32 厘米，厚 6 厘米。誌文正書 5 行 40 字。
卒葬時間：政和三年（1113）十一月三十日葬。
文獻著録：宋采義、予嵩《談河南滑縣發現北宋的漏澤園》，《河南大學學報》1986 年第 4 期，第 58 頁；中國文物研究所、河南省文物研究所編《新中國出土墓誌・河南〔壹〕》，文物出版社，1994 年版，上册第 24 頁、下册第 18 頁（作“王用墓誌”）；胡海帆、湯燕編《中國古代磚刻銘文集》，文物出版社，2008 年版，上册第 356 頁、下册第 240 頁。
出土情況：1967 年河南省滑縣八里營鄉萬集村出土，藏滑縣文物管理所。

録文：據所由王用等擡舁□//安濟坊檢訖。因病身//死軍人彭琮尸首。//葬二十二字號。政和三//年十一月三十日。

彭琮墓記磚

無名氏墓磚（乙亥五十一字號） 政和四年（1114）六月

名稱： 無名氏墓磚（乙亥五十一字號）
文獻形態： 墓磚長、寬均 31 厘米，厚 7 厘米。誌文正書殘存 5 行 22 字。
卒葬時間： 政和四年（1114）六月葬。
文獻著録： 賀官保《西京洛陽漏澤園墓磚》，文物編輯委員會編《文物資料叢刊》第 7 集，文物出版社，1983 年版，第 154 頁；胡海帆、湯燕編《中國古代磚刻銘文集》，文物出版社，2008 年版，上册第 356 頁、下册第 243 頁。
出土情況： 河南省洛陽市出土。

録文： 乙亥五十一字號。//仵作行人［下缺］//上東門外［下缺］//不知姓名［下缺］//政和四年［下缺］。

無名氏墓磚（乙亥五十一字號）

陳清墓磚　政和四年（1114）七月十七日

名稱：陳清墓磚（宙字號）
文獻形態：墓磚尺寸不詳。誌文正書 5 行 80 字。
卒葬時間：政和四年（1114）七月十七日卒。
文獻著録：徐立整理《徐無聞藏金石集拓》，中華書局，2013 年版，第 280 頁。
出土情況：重慶市萬縣出土，現藏西南大學歷史博物館。

録文：宙字號。政和四年七月十七日，準縣引指揮承//兵曹関今月十七日未時承縣承公文準縣牒，//撿驗上水匹帛弟四綱船上死兵陳清尸首。//别無他故，委是因患身死，年約五十歲。已來送//漏澤園收埋立峰，記識訖。

陳清墓磚

馬僧見墓磚　政和四年（1114）十月十三日

名稱：馬僧見墓磚（甲子叁拾貳字號）

文獻形態：墓磚長 31 厘米，寬 16 厘米，厚 4.5 厘米。誌文正書 4 行，滿行 10 字。

卒葬時間：政和四年（1114）十月十三日葬。

文獻著録：安建峰《山西晉城新發現宋代漏澤園墓誌考論》，《中國文物報》2017 年 2 月 10 日，第 6 版。

出土情況：山西省晉城市出土，現藏晉城博物館。

録文：甲子叁拾貳字號。本州安濟坊//卜王立送到病死馬僧見尸首。無//父母兄弟妻男住止去處。//政和四年十一月十三日葬訖。

無名氏墓磚　政和四年（1114）十月十八日

名稱：無名氏墓磚

文獻形態：墓磚長、寬均 31 厘米，厚 7 厘米。誌文正書殘存 1 行 9 字。

卒葬時間：政和四年（1114）十月十八日葬。

文獻著録：賀官保《西京洛陽漏澤園墓磚》，文物編輯委員會編《文物資料叢刊》第 7 集，文物出版社，1983 年版，第 155 頁。

出土情況：河南省洛陽市出土。

録文：政和四年十月十八日。

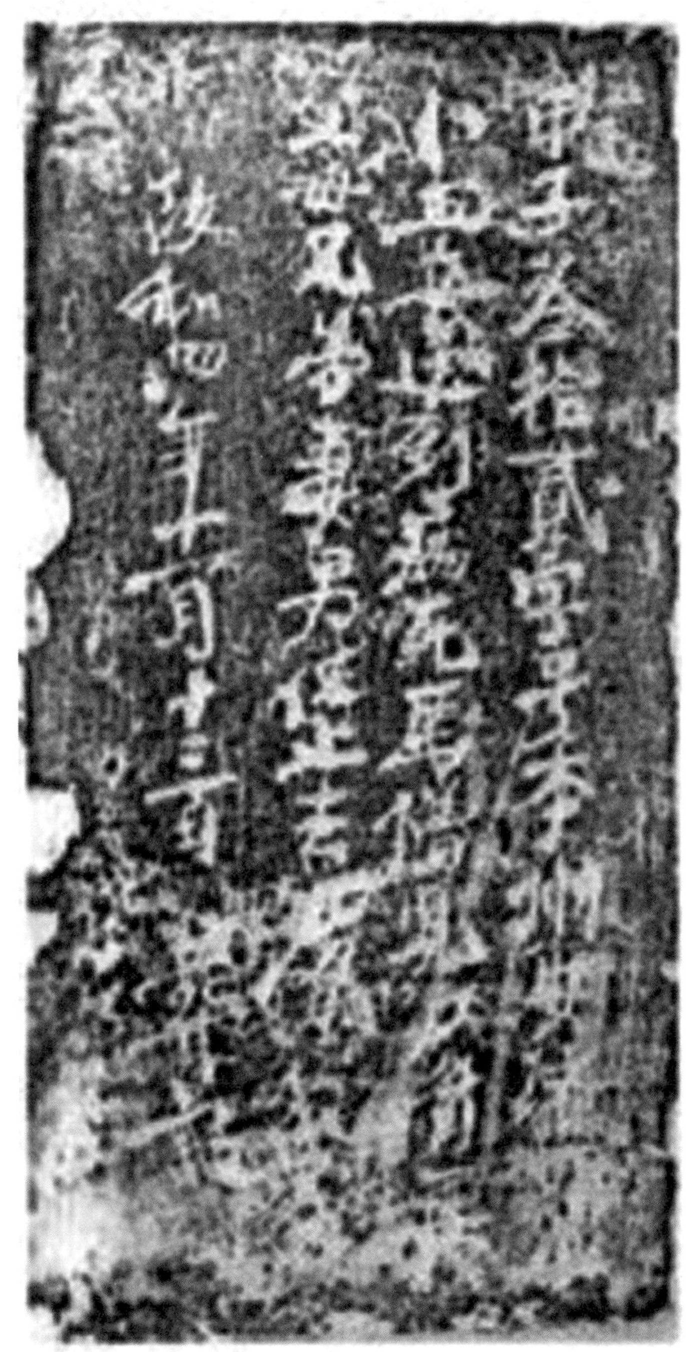

馬僧見墓磚

無名氏墓磚　政和四年（1114）十月

名稱：無名氏墓磚
文獻形態：墓磚長、寬均 31 厘米，厚 7 厘米。誌文正書殘存 2 行 10 字。
卒葬時間：政和四年（1114）十月葬。
文獻著録：賀官保《西京洛陽漏澤園墓磚》，文物編輯委員會編《文物資料叢刊》第 7 集，文物出版社，1983 年版，第 154 頁。
出土情況：河南省洛陽市出土。

録文：政和四年十月。

張辛墓記磚　政和四年（1114）十一月一日

名稱：張辛墓記磚（甲子十九字號）
文獻形態：墓磚長、寬均 31 厘米，厚 6 厘米。誌文正書 4 行 24 字。
卒葬時間：政和四年（1114）十一月一日葬。
文獻著録：宋采義、予嵩《談河南滑縣發現北宋的漏澤園》，《河南大學學報》1986 年第 4 期，第 58 頁；中國文物研究所、河南省文物研究所編《新中國出土墓誌·河南〔壹〕》，文物出版社，1994 年版，上册第 25 頁、下册第 19 頁；殷蓀《中國磚銘》，江蘇美術出版社，1998 年版，圖版下册第 1126 頁；胡海帆、湯燕編《中國古代磚刻銘文集》，文物出版社，2008 年版，上册第 357 頁、下册第 241 頁。
出土情況：1967 年河南省滑縣八里營鄉萬集村出土，藏滑縣文物管理所。

録文：甲子十九字號。軍劫//賊張辛尸首。//政和四年十一月//初一日葬。

張辛墓記磚

聶真墓磚　政和四年（1114）十一月五日

名稱： 聶真墓磚

文獻形態： 墓磚長、寬均 31 厘米，厚 7 厘米。誌文正書殘存 4 行 17 字。

卒葬時間： 政和四年（1114）十一月五日葬。

文獻著録： 賀官保《西京洛陽漏澤園墓磚》，文物編輯委員會編《文物資料叢刊》第 7 集，文物出版社，1983 年版，第 153 頁；胡海帆、湯燕編《中國古代磚刻銘文集》，文物出版社，2008 年版，上册第 357 頁、下册第 241 頁。

出土情況： 河南省洛陽市出土。

録文： ［上缺］字號。//□院穎昌府牢//城指揮聶真//［缺］。//政和四年十一月五日。

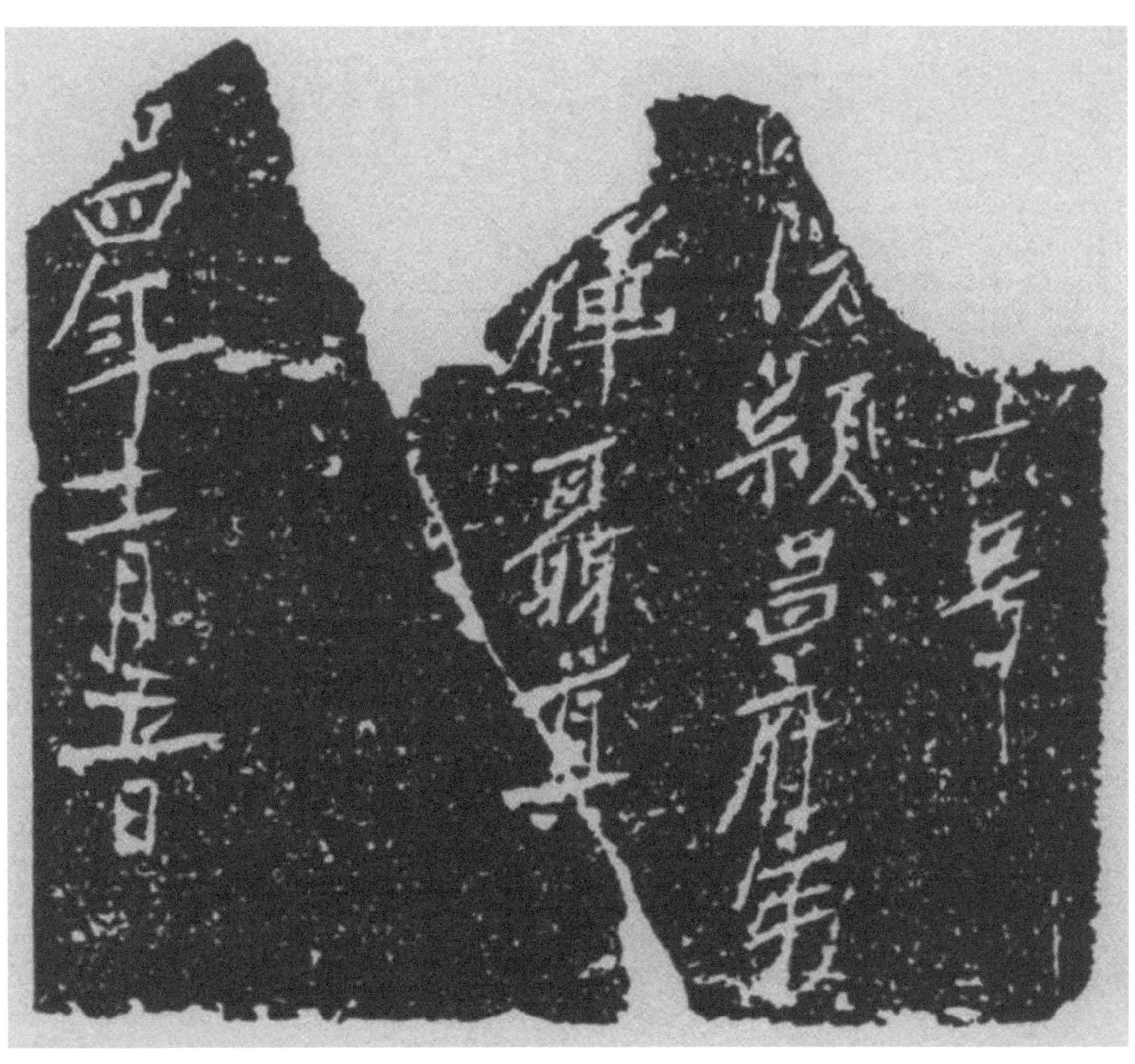

聶真墓磚

裴青墓磚　政和五年（1115）三月七日

名稱：裴青墓磚（甲子酉字號）

文獻形態：墓磚長、寬均 31 厘米，厚 7 厘米。誌文正書殘存 4 行 24 字。

卒葬時間：政和五年（1115）三月七日葬。

文獻著録：賀官保《西京洛陽漏澤園墓磚》，文物編輯委員會編《文物資料叢刊》第 7 集，文物出版社，1983 年版，第 154 頁；胡海帆、湯燕編《中國古代磚刻銘文集》，文物出版社，2008 年版，上册第 358 頁、下册第 242 頁。

出土情況：河南省洛陽市出土。

録文：甲子酉字號。//病院安吉送到//保安軍裴青尸。//政和五年三月七。

裴青墓碑

己丑廿二字號墓磚　政和五年（1115）六月

名稱：己丑廿二字號墓磚

文獻形態：墓磚長、寬均 31 厘米，厚 7 厘米。誌文正書殘存 4 行 17 字。

卒葬時間：政和五年（1115）六月葬。

文獻著録：賀官保《西京洛陽漏澤園墓磚》，文物編輯委員會編《文物資料叢刊》第 7 集，文物出版社，1983 年版，第 153 頁。

出土情況：河南省洛陽市出土。、

録文：己丑廿二字號。//德順軍節級//□□送到女婿//［缺］。//政和五年六月。

己丑廿二字號墓磚

□千墓磚　政和五年（1115）七月

名稱：□千墓磚（庚辰二字號）
文獻形態：墓磚長、寬均 31 厘米，厚 7 厘米。誌文正書殘存 4 行 19 字。
卒葬時間：政和五年（1115）七月葬。
文獻著録：賀官保《西京洛陽漏澤園墓磚》，文物編輯委員會編《文物資料叢刊》第 7 集，文物出版社，1983 年版，第 153 頁；胡海帆、湯燕編《中國古代磚刻銘文集》，文物出版社，2008 年版，上册第 358 頁、下册第 242 頁。
出土情況：河南省洛陽市出土。

録文：庚辰二字號。//華州壯成指揮//李成送到兵士//□千尸。//政和五年七月。

劉揔墓磚　政和五年（1115）八月二十八日

名稱：劉揔墓磚（甲子陸拾貳字號）
文獻形態：墓磚長 31 厘米，寬 16 厘米，厚 4.5 厘米。誌文正書 4 行，滿行 12 字。
卒葬時間：政和五年（1115）八月二十八日葬。
文獻著録：安建峰《山西晋城新發現宋代漏澤園墓誌考論》，《中國文物報》2017 年 2 月 10 日，第 6 版。
出土情況：山西省晋城市出土，現藏晋城博物館。

録文：甲子陸拾貳字號。錢監甲頭張洪//送到軍人劉揔尸首，無父母兄//弟妻男住止去處。//政和五年八月廿八日葬訖。

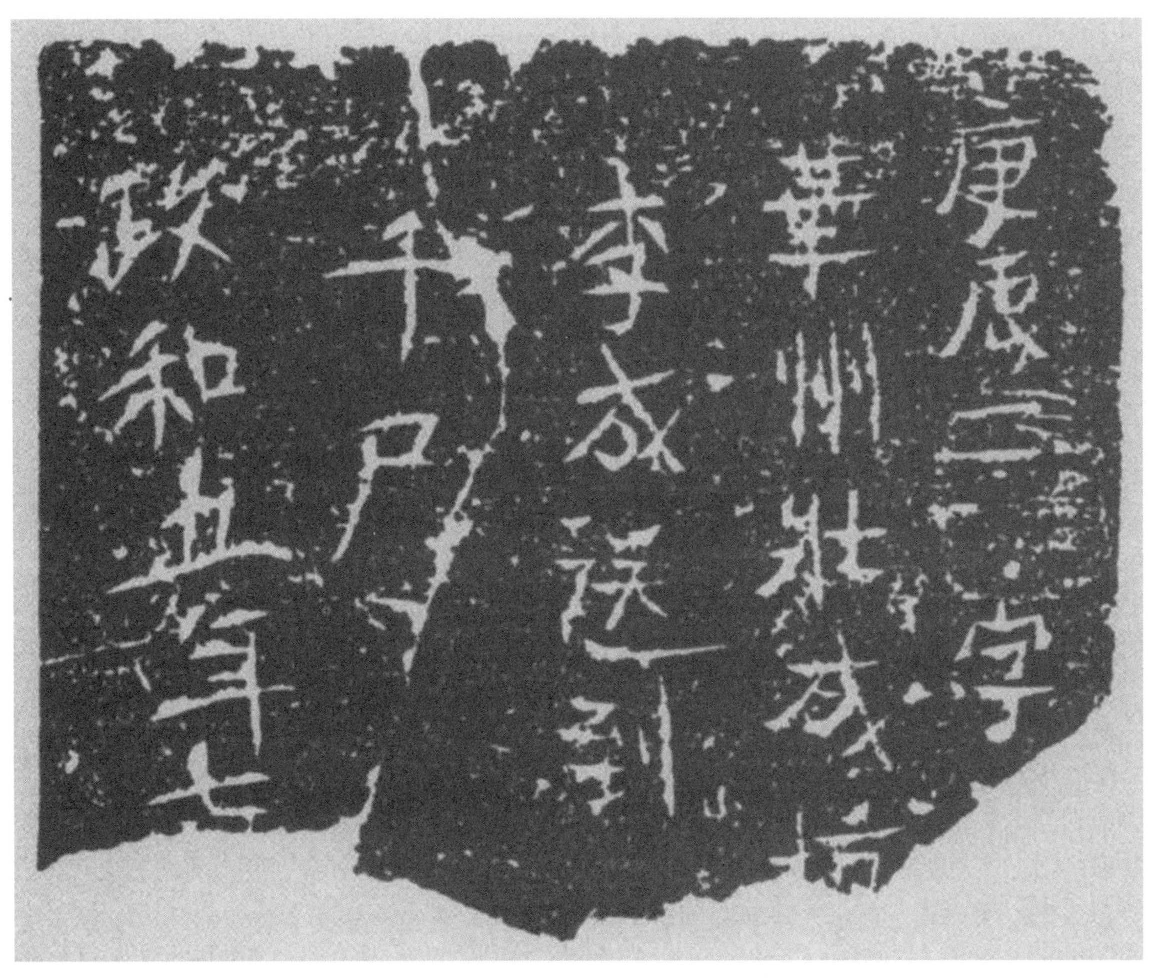

□千墓磚

無名氏墓磚　政和五年（1115）十月

名稱： 無名氏墓磚
文獻形態： 墓磚長、寬均 31 厘米，厚 7 厘米。誌文正書殘存 2 行 7 字。
卒葬時間： 政和五年（1115）十月葬。
文獻著録： 賀官保《西京洛陽漏澤園墓磚》，文物編輯委員會編《文物資料叢刊》第 7 集，文物出版社，1983 年版，第 155 頁。
出土情況： 河南省洛陽市出土。

録文：［上缺］順尸。//政和五年十月［下缺］。

無名氏墓磚　政和五年（1115）十月八日

名稱： 無名氏墓磚
文獻形態： 墓磚長、寬均 31 厘米，厚 7 厘米。誌文正書殘存 1 行 7 字。
卒葬時間： 政和五年（1115）十月八日葬。
文獻著録： 賀官保《西京洛陽漏澤園墓磚》，文物編輯委員會編《文物資料叢刊》第 7 集，文物出版社，1983 年版，第 155 頁。
出土情況： 河南省洛陽市出土。

録文： 政和五年十月八。

劉在墓磚　政和五年（1115）□二月十二日

名稱： 劉在墓磚（丁丑四十九字號）

文獻形態： 墓磚長、寬均31厘米，厚7厘米。誌文正書5行32字。

卒葬時間： 政和五年（1115）□二月十二日葬。

文獻著録： 賀官保《西京洛陽漏澤園墓磚》，文物編輯委員會編《文物資料叢刊》第7集，文物出版社，1983年版，第153頁；胡海帆、湯燕編《中國古代磚刻銘文集》，文物出版社，2008年版，上册第358頁、下册第241頁。

出土情況： 河南省洛陽市出土。

録文： 丁丑四十九字號。//殿前虎翼左七指//揮王和，送到外生劉//在尸。//政和五年二月十二。

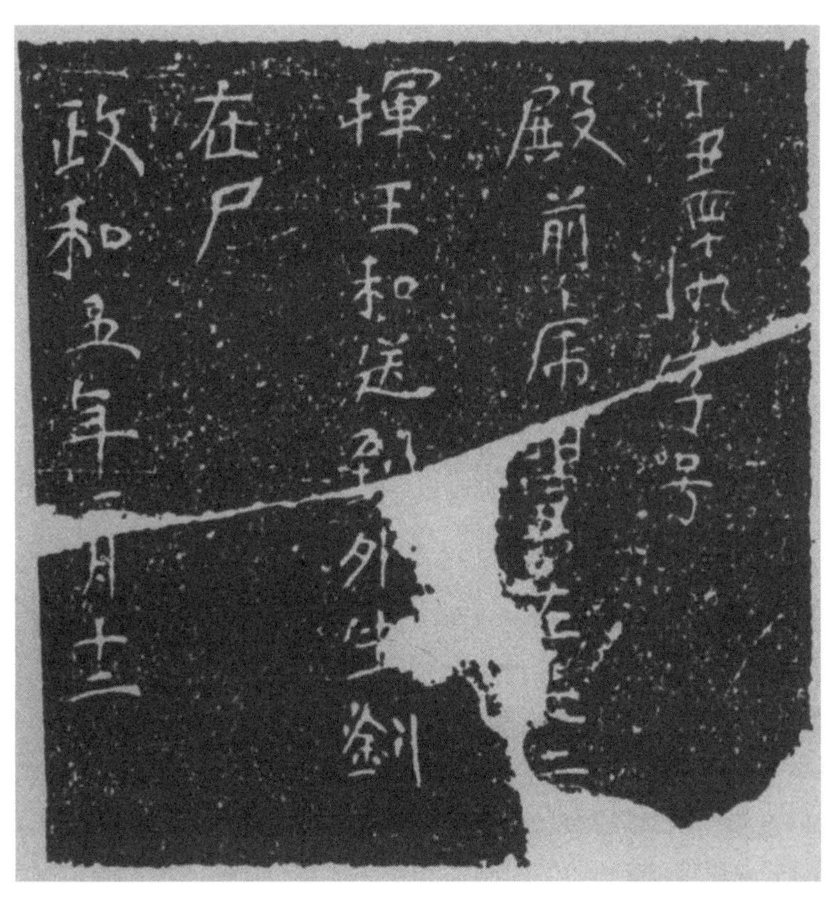

劉在墓磚

謝忠墓磚　政和六年（1116）二月五日

名稱：謝忠墓磚

文獻形態：墓磚長、寬均 31 厘米，厚 7 厘米。誌文正書殘存 3 行 10 字。

卒葬時間：政和六年（1116）二月五日葬。

文獻著録：賀官保《西京洛陽漏澤園墓磚》，文物編輯委員會編《文物資料叢刊》第 7 集，文物出版社，1983 年版，第 154 頁；胡海帆、湯燕編《中國古代磚刻銘文集》，文物出版社，2008 年版，上册第 359 頁、下册第 242 頁。

出土情況：河南省洛陽市出土。

録文：［上缺］謝吉送［下缺］∥謝忠尸首。政和六∥年二月五。

謝忠墓磚

路吉墓磚　政和六年（1116）三月十五日

名稱：路吉墓磚

文獻形態：墓磚長、寬均31厘米，厚7厘米。誌文正書殘存2行11字。

卒葬時間：政和六年（1116）三月十五日葬。

文獻著録：賀官保《西京洛陽漏澤園墓磚》，文物編輯委員會編《文物資料叢刊》第7集，文物出版社，1983年版，第154頁；胡海帆、湯燕編《中國古代磚刻銘文集》，文物出版社，2008年版，上册第359頁、下册第243頁。

出土情況：河南省洛陽市出土。

録文：路吉尸。政和六年//三月十五。

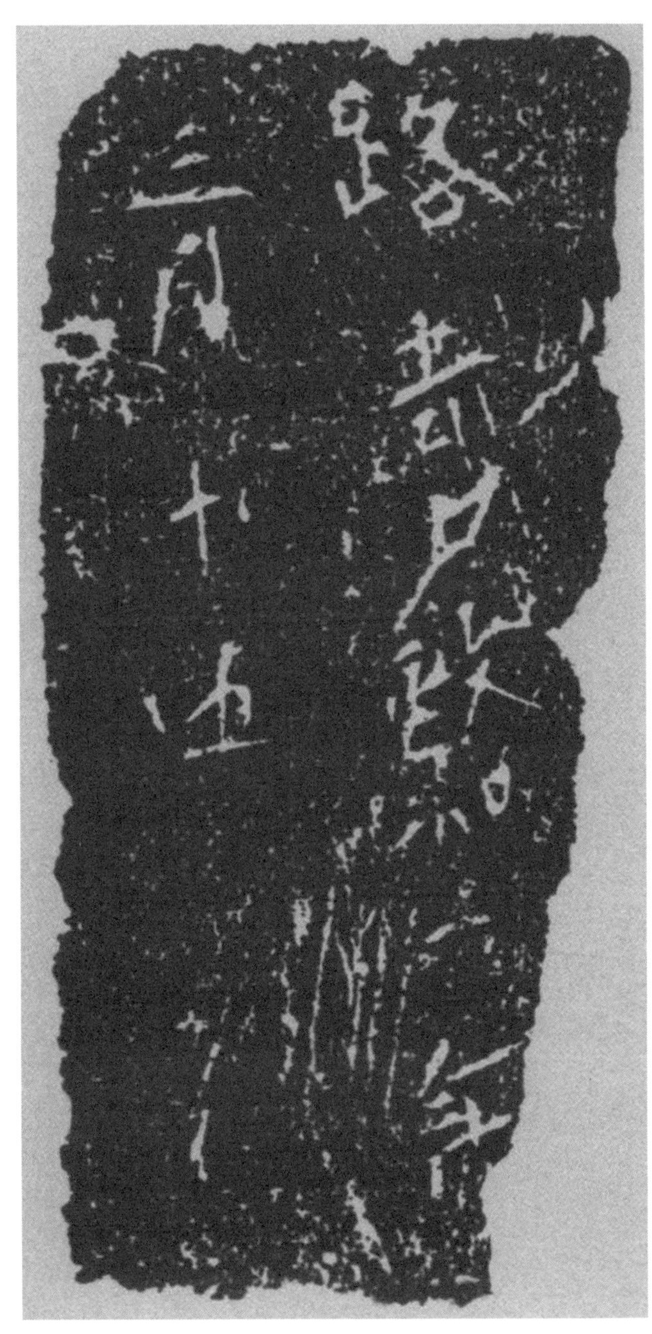

路吉墓磚

宋惠國妻馮氏墓記磚　政和六年（1116）四月十日

名稱：宋惠國妻馮氏墓記磚

文獻形態：墓磚長、寬均 33 厘米，厚 5 厘米。誌文正書 10 行 93 字。

卒葬時間：政和六年（1116）四月十日葬。

文獻著録：李裕民、李宏如《北宋馮氏磚志考》，《文物季刊》1993 年第 4 期，第 88 頁；胡海帆、湯燕編《中國古代磚刻銘文集》，文物出版社，2008 年版，上册第 360 頁、下册第 243 頁。

出土情況：1992 年山西省繁峙縣杏園村出土。

録文：維大宋政和六年歲次丙申//四月甲子朔初十日癸酉，//曾祖玘，贈太師，秦國公。//祖祁，贈司徒，守太尉。//父惠國，故任朝□大夫、知岳//州。男宋偉，今扶□//母太君馮氏□靈，權攢河//東路代州繁畤縣武周鄉故//城村西南平原，地去縣二里。//墓之銘記。

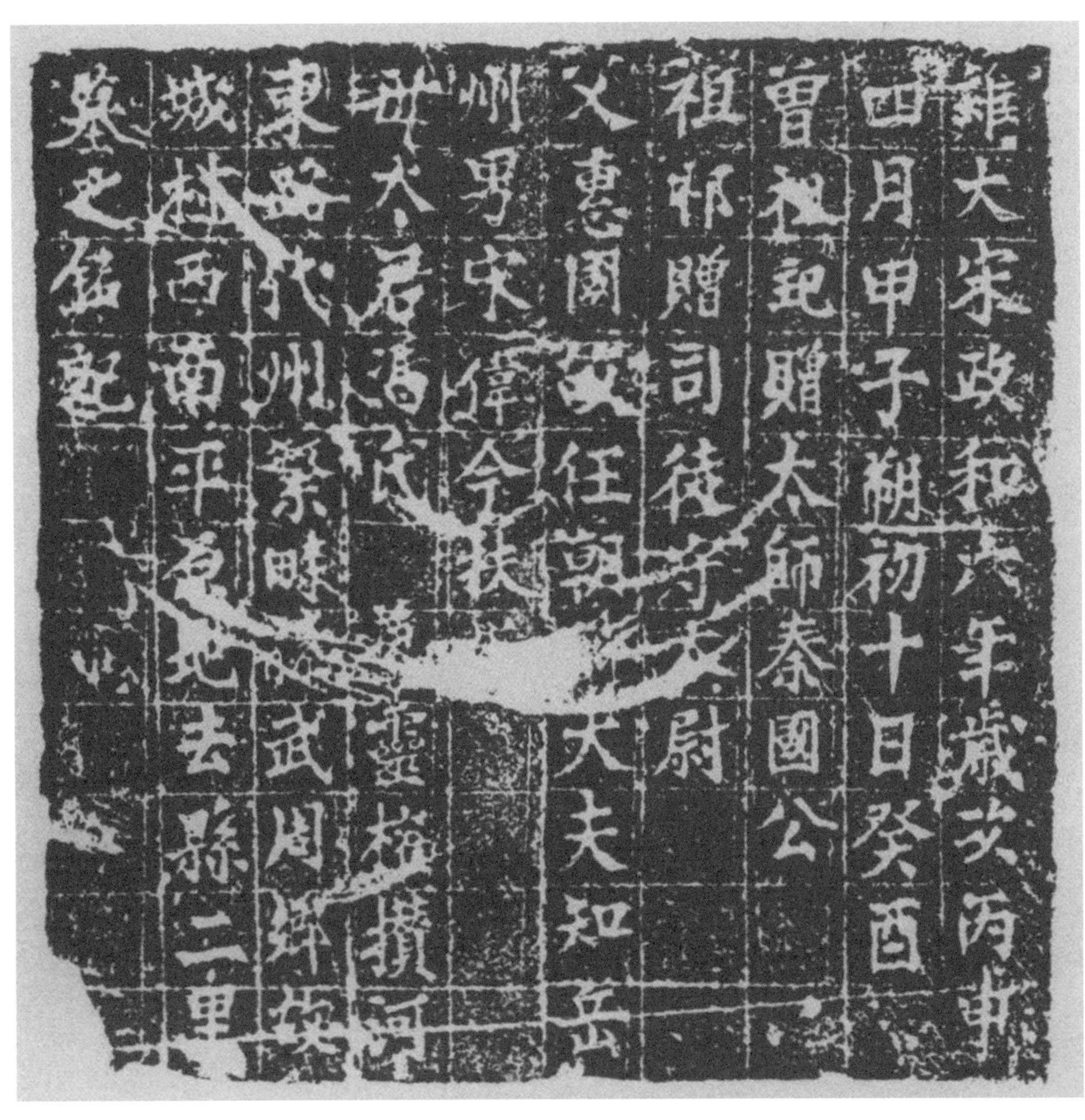

宋惠國妻馮氏墓記磚

大夫□□墓磚　政和六年（1116）四月十四日

名稱：大夫□□墓磚

文獻形態：墓磚長、寬均 31 厘米，厚 7 厘米。誌文正書殘存 4 行 12 字。

卒葬時間：政和六年（1116）四月十四日葬。

文獻著録：賀官保《西京洛陽漏澤園墓磚》，文物編輯委員會編《文物資料叢刊》第 7 集，文物出版社，1983 年版，第 154 頁；胡海帆、湯燕編《中國古代磚刻銘文集》，文物出版社，2008 年版，上册第 360 頁、下册第 243 頁。

出土情况：河南省洛陽市出土。

録文：［上缺］揮//□□□□大夫//□□尸。政和六//年四月十四日。

大夫□□墓磚

無名氏墓記磚（丁丑□字號） 政和六年（1116）九月十□日

名稱： 無名氏墓記磚（丁丑□字號）
文獻形態： 墓磚長、寬均30厘米，厚3厘米。誌文行書殘存6行27字。
卒葬時間： 政和六年（1116）九月十□日葬。
文獻著録： 三門峽市文物工作隊編《北宋陝州漏澤園》，文物出版社，1999年版，第338頁；胡海帆、湯燕編《中國古代磚刻銘文集》，文物出版社，2008年版，上册第360頁、下册第243頁。
出土情況： 河南省三門峽市上村嶺向陽村出土。采集品，出土時間不詳。

録文： 丁丑□字號。//本縣［下缺］//［上缺］州//客人□□尸［下缺］。//政和六年九月十［下缺］//葬埋訖。

阿李墓磚 政和七年（1117）四月二日

名稱： 阿李墓磚（乙丑冠字號）
文獻形態： 墓磚長、寬均31厘米，厚7厘米。誌文正書5行26字。
卒葬時間： 政和七年（1117）四月二日葬。
文獻著録： 賀官保《西京洛陽漏澤園墓磚》，文物編輯委員會編《文物資料叢刊》第7集，文物出版社，1983年版，第153頁。胡海帆、湯燕編《中國古代磚刻銘文集》，文物出版社，2008年版，上册第361頁、下册第243頁。
出土情況： 河南省洛陽市出土。

録文： 乙丑冠字號。//西鄆州勁武指//揮□青，送到妻//阿李尸。政和七//年四月二。

阿李墓磚

王信墓記磚　政和七年（1117）四月十日

名稱：王信墓記磚（乙丑九字號）
文獻形態：墓磚長、寬均 29 厘米，厚 5 厘米。誌文正書 5 行 27 字。
卒葬時間：政和七年（1117）四月十日葬。
文獻著録：宋采義、予嵩《談河南滑縣發現北宋的漏澤園》，《河南大學學報》1986 年第 4 期，第 58 頁；中國文物研究所、河南省文物研究所編《新中國出土墓誌·河南〔壹〕》，文物出版社，1994 年版，上册第 26 頁、下册第 19 頁；胡海帆、湯燕編《中國古代磚刻銘文集》，文物出版社，2008 年版，上册第 360 頁、下册第 243 頁。
出土情況：1967 年河南省滑縣八里營鄉萬集村出土，藏滑縣文物管理所。

録文：乙丑九字號。居養院//人王信尸首，年八//十一歲。//政和七年四月十//日葬。

王信墓記碑

胡光國墓記磚　政和七年（1117）五月九日

名稱： 胡光國墓記磚

文獻形態： 墓磚長 32.5 厘米，寬 28.5 厘米。誌文正書殘存 7 行 55 字。

卒葬時間： 政和七年（1117）五月九日葬。

文獻著録： 胡海帆、湯燕編《中國古代磚刻銘文集》，文物出版社，2008 年版，上册第 361 頁、下册第 244 頁。

出土情況： 近年山東省濟南市出土，濟南徐國衛藏磚。

録文： 大宋胡光國元賓，濟∥南禹息人，西京留守∥推官之季子。春秋三∥十一。政和六年丙申∥歲夏六月廿六日卒，∥次年丁酉五月己丑∥□[初]九日丁酉葬於∥［下缺］。

胡光國墓記磚

李藻墓磚　政和八年（1118）六月二十八日

名稱：李藻墓磚（乙丑四十八字號）
文獻形態：墓磚長、寬均 33 厘米。誌文正書 5 行，行 9 字。
卒葬時間：政和八年（1118）六月二十八日葬。
歷代著録：中國文物研究所、河南省文物研究所編《新中國出土墓誌・河南〔壹〕》，文物出版社，1994 年版，上册第 27 頁、下册第 19 頁；殷蓀《中國磚銘》，江蘇美術出版社，1998 年版，圖版下册第 1127 頁；胡海帆、湯燕編《中國古代磚刻銘文集》，文物出版社，2008 年版，上册第 361 頁、下册第 244 頁。
出土情况：1967 年河南省滑縣八里營鄉萬集村出土，藏滑縣文物管理所。

録文：乙丑四十八字號。軍人∥李藻尸首，年約∥三十七八，已來。政和∥八年六月二十八日∥葬。

李藻墓磚

王德墓記磚　政和八年（1118）七月十三日

名稱：王德墓記磚（甲子弟九十號）
文獻形態：墓磚長、寬均 36.5 厘米。誌文正書 7 行 61 字。
卒葬時間：政和八年（1118）七月十三日葬。
文獻著録：磁縣文物保管所《磁縣發現北宋漏澤園叢葬地》，《文物春秋》1992 年第 2 期，第 92 頁；胡海帆、湯燕編《中國古代磚刻銘文集》，文物出版社，2008 年版，上册第 361 頁、下册第 244 頁。
出土情況：1989 年河北省磁縣觀臺鎮出土。

録文：政和八年七月十三日。據婦//人阿李狀，有夫王德，年//五十三歲，於今月十二日夜//三更已來亡了。切念//家貧，乞情愿葬漏澤//園，當日付本園甲//子弟九十號埋訖。

王德墓記磚

伊德墓記磚　政和八年（1118）九月十二日

名稱：伊德墓記磚（乙丑五十二字號）

文獻形態：墓磚長、寬均32厘米。誌文正書5行28字。

卒葬時間：政和八年（1118）九月十二日葬。

文獻著録：中國文物研究所、河南省文物研究所編《新中國出土墓誌·河南〔壹〕》，文物出版社，1994年版，上册第28頁、下册第19頁；殷蓀《中國磚銘》，江蘇美術出版社，1998年版，圖版下册第1128頁（作“伊真”）；胡海帆、湯燕編《中國古代磚刻銘文集》，文物出版社，2008年版，上册第362頁、下册第244頁。

出土情況：1967年河南省滑縣八里營鄉萬集村出土，藏滑縣文物管理所。

録文：乙丑五十二字號。百∥姓伊真乞葬弟伊∥德尸首。政和八年∥九月十二日∥葬。

伊德墓記磚

聶青墓記磚　政和八年（1118）十月十八日

名稱：聶青墓記磚（乙丑五十九字號）
文獻形態：墓磚長、寬均30厘米，厚5厘米。誌文正書5行32字。
卒葬時間：政和八年（1118）十月十八日葬。
文獻著録：宋采義、予嵩《談河南滑縣發現北宋的漏澤園》，《河南大學學報》1986年第4期，第58頁；胡海帆、湯燕編《中國古代磚刻銘文集》，文物出版社，2008年版，上册第362頁、下册第244—245頁。
出土情況：1967年河南省滑縣八里營鄉萬集村出土，藏滑縣文物管理所。

録文：乙丑五十九字號。軍∥人聶青尸首，年約∥二十四五，已來。∥政和八年十月二十八∥日葬。

聶青墓記磚

無名氏軍人墓記磚（乙丑六十字號） 政和八年（1118）十月二十八日

名稱： 無名氏軍人墓記磚（乙丑六十字號）
文獻形態： 墓磚長、寬均30厘米，厚5厘米。誌文正書5行28字。
卒葬時間： 政和八年（1118）十月二十八日葬。
文獻著録： 宋采義、予嵩《談河南滑縣發現北宋的漏澤園》，《河南大學學報》1986年第4期，第58頁；胡海帆、湯燕編《中國古代磚刻銘文集》，文物出版社，2008年版，上册第362頁、下册第245頁。
出土情況： 1967年河南省滑縣八里營鄉萬集村出土，藏滑縣文物管理所。

録文： 乙丑六十字號。不//知名軍人尸首，//年約二十一二，已來。//政和八年同日//葬。

無名氏軍人墓記磚（乙丑六十字號）

無名氏軍人墓記磚（乙丑六十八字號） 重和二年（1119）二月五日

名稱：無名氏軍人墓記磚（乙丑六十八字號）
文獻形態：墓磚長、寬均 33 厘米。誌文正書 5 行 33 字。
卒葬時間：重和二年（1119）二月五日葬。
文獻著録：中國文物研究所、河南省文物研究所編《新中國出土墓誌・河南〔壹〕》，文物出版社，1994 年版，上册第 29 頁、下册第 20 頁；殷蓀《中國磚銘》，江蘇美術出版社，1998 年版，圖版下册第 1128 頁；胡海帆、湯燕編《中國古代磚刻銘文集》，文物出版社，2008 年版，上册第 363 頁、下册第 245 頁。
出土情況：1967 年河南省滑縣八里營鄉萬集村出土，藏滑縣文物管理所。

録文：乙丑六十八字號。不//知姓名軍人尸首，年//約四十一二，已來。重和//二年二月初五日//葬。

無名氏軍人墓記磚（乙丑六十八字號）

王立墓記磚　重和二年（1119）二月六日

名稱：王立墓記磚（乙丑六十九字號）

文獻形態：墓磚長、寬均 29 厘米，厚 5 厘米。誌文正書 5 行 29 字。

卒葬時間：重和二年（1119）二月六日葬。

文獻著録：宋采義、予嵩《談河南滑縣發現北宋的漏澤園》，《河南大學學報》1986 年第 4 期，第 58 頁；中國文物研究所、河南省文物研究所編《新中國出土墓誌・河南〔壹〕》，文物出版社，1994 年版，上册第 30 頁、下册第 20 頁；殷蓀《中國磚銘》，江蘇美術出版社，1998 年版，圖版下册第 1129 頁；胡海帆、湯燕編《中國古代磚刻銘文集》，文物出版社，2008 年版，上册第 363 頁、下册第 245 頁。

出土情況：1967 年河南省滑縣八里營鄉萬集村出土，藏滑縣文物管理所。

録文：乙丑六十九字號。//婦人阿李無力，//乞葬夫王立尸首。//重和二年二月六//日記。

王立墓記磚

范通直妻强氏墓磚　宣和元年（1119）十一月

名稱：范通直妻强氏墓磚

文獻形態：此墓磚爲棺床用磚，墓磚長 47—55 厘米，寬 26—30 厘米，厚 7.5—8 厘米不等。誌文篆書 5 行，滿行 16 字。

卒葬時間：宣和元年（1119）十一月葬。

文獻著録：河南省文化局文物工作隊《河南方城鹽店莊村宋墓》，《文物》1958 年第 11 期，第 76 頁；安然《青島崇漢軒館藏北宋范府君墓磚考辨及其他》，青島崇漢軒漢畫像磚博物館、文物出版社編《全國第三届碑帖學術研討會論文集》，文物出版社，2014 年版，第 88 頁。

出土情況：1958 年河南省方城縣鹽店莊出土。

録文：人孰無親，亦既念子。哀我人斯，負土封此。//毋戕我宫，毋斧我松。吾築孔艱，我植孔勤。//勒銘于兹，以告後人。有宋宣和改元//十一月，爲故贈太子太師范公之配榮國夫人//强氏之墓。男致明、致虚、致厚等泣血書銘。

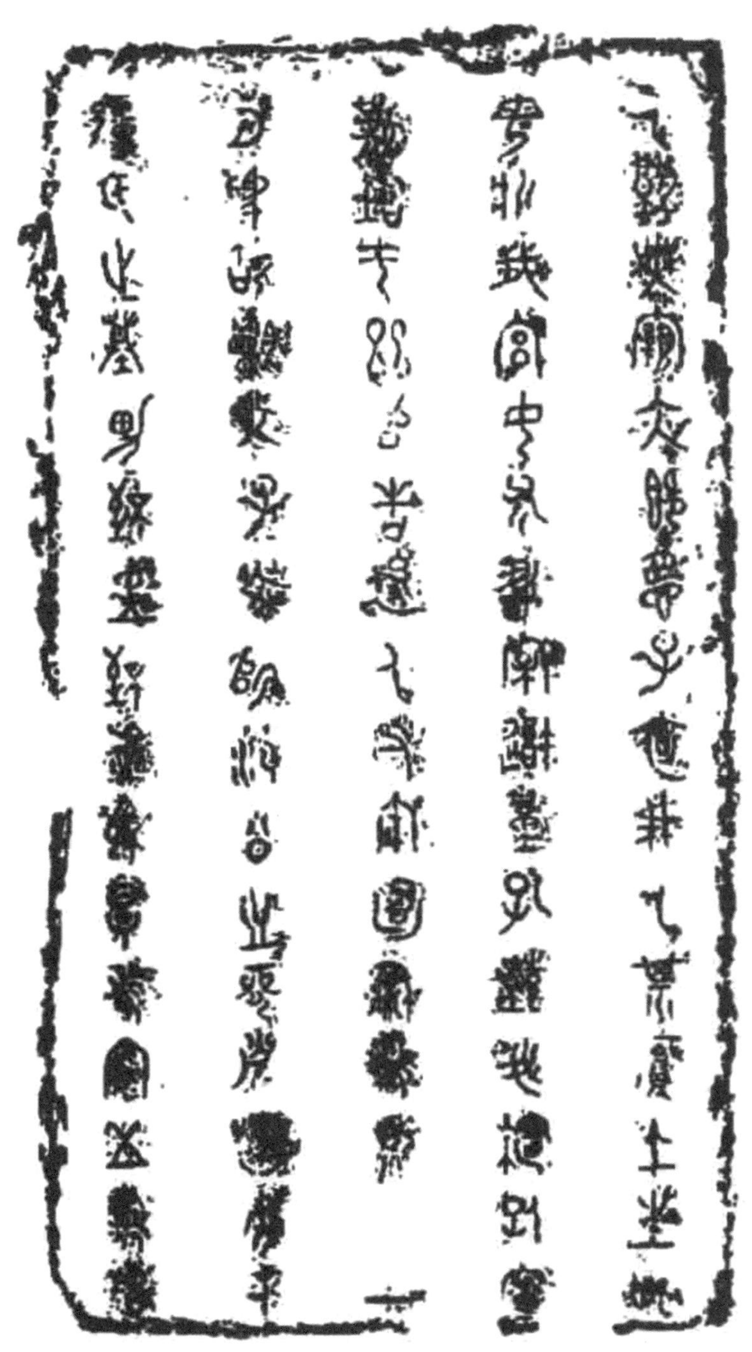

范通直妻强氏墓磚

藥三等人墓記磚　宣和三年（1121）四月二十二日

名稱：藥三等人墓記磚
文獻形態：墓磚長 30 厘米，寬 30.3 厘米。誌文正書 6 行 33 字。
卒葬時間：宣和三年（1121）四月二十二日葬。
文獻著録：［清］端方輯《陶齋藏石記》卷四〇，藝文印書館，1976 年影印本；北京圖書館金石組《北京圖書館藏中國歷代石刻拓本彙編》，中州古籍出版社，1989 年版，第 42 册第 115 頁；胡海帆、湯燕編《中國古代磚刻銘文集》，文物出版社，2008 年版，上册第 363 頁、下册第 245—246 頁。
出土情況：端方舊藏。

録文：藥三、郭下問、甘∥成、馬□，因患身死，∥逃軍段貴∥尸首。∥宣和三年四月廿二日∥□□園葬訖。

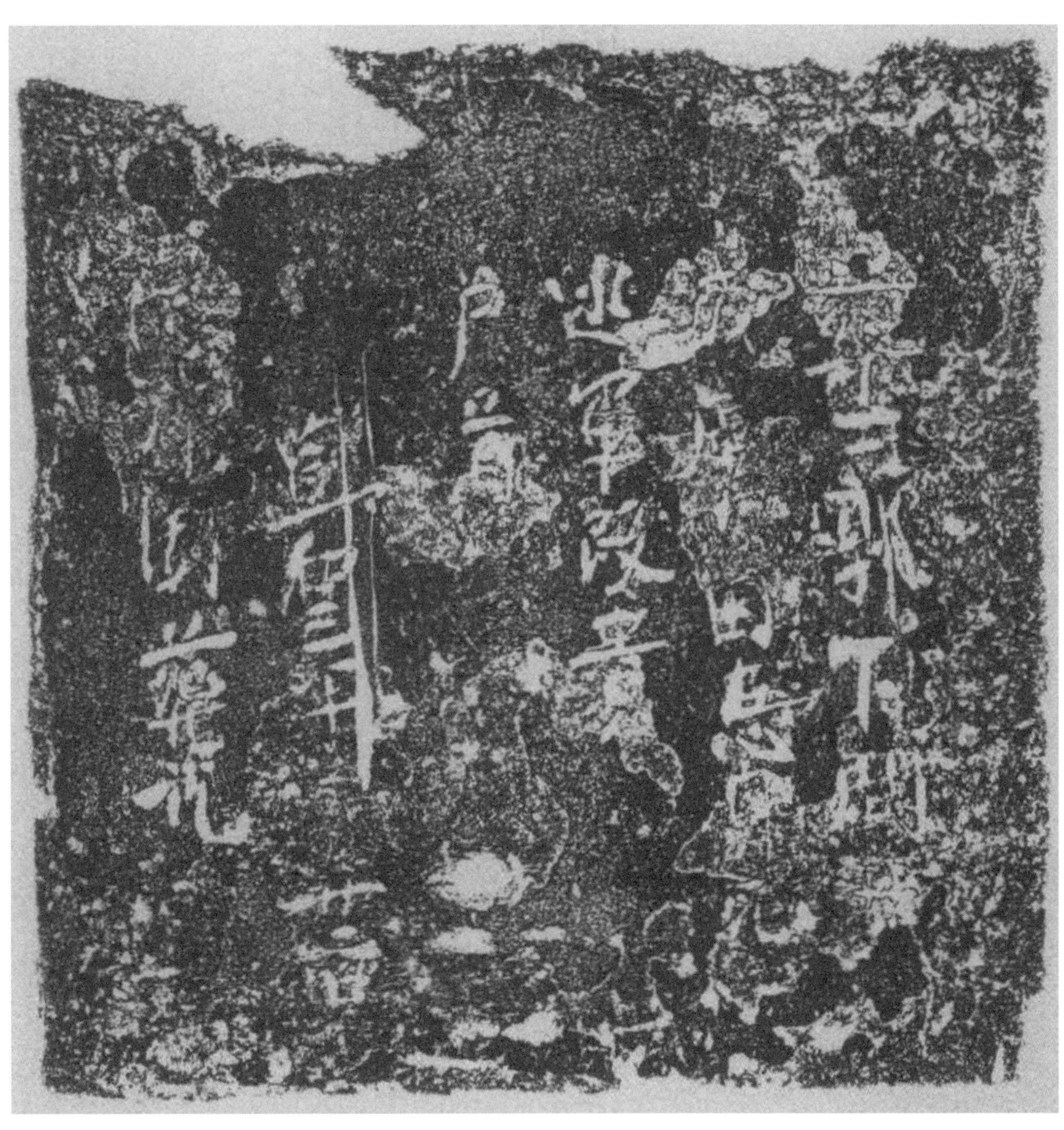

藥三等人墓記磚

王諫、王義墓記磚　宣和五年（1123）三月十九日

名稱：王諫、王義墓記磚
文獻形態：墓磚尺寸不詳。誌文正書 7 行 77 字。
卒葬時間：宣和五年（1123）三月十九日葬。
文獻著録：王進先《山西壺關下好牢宋墓》,《文物》2002 年第 5 期，第 50 頁；胡海帆、湯燕編《中國古代磚刻銘文集》，文物出版社，2008 年版，上册第 363 頁、下册第 246 頁。
出土情況：1991 年山西省壺關縣黄山鄉好牢村出土，藏長治市博物館。

録文：上好牢村，孝子//王諫并弟王義二人□，//癸卯宣和伍年三月十九日壬申//时葬畢。伏以尊靈雅葬，□已□//□□安吉。地財稱意，百事通泰，//代代人安吉昌，大吉利。歲載癸卯李□//□中列九日故記耳。山□。

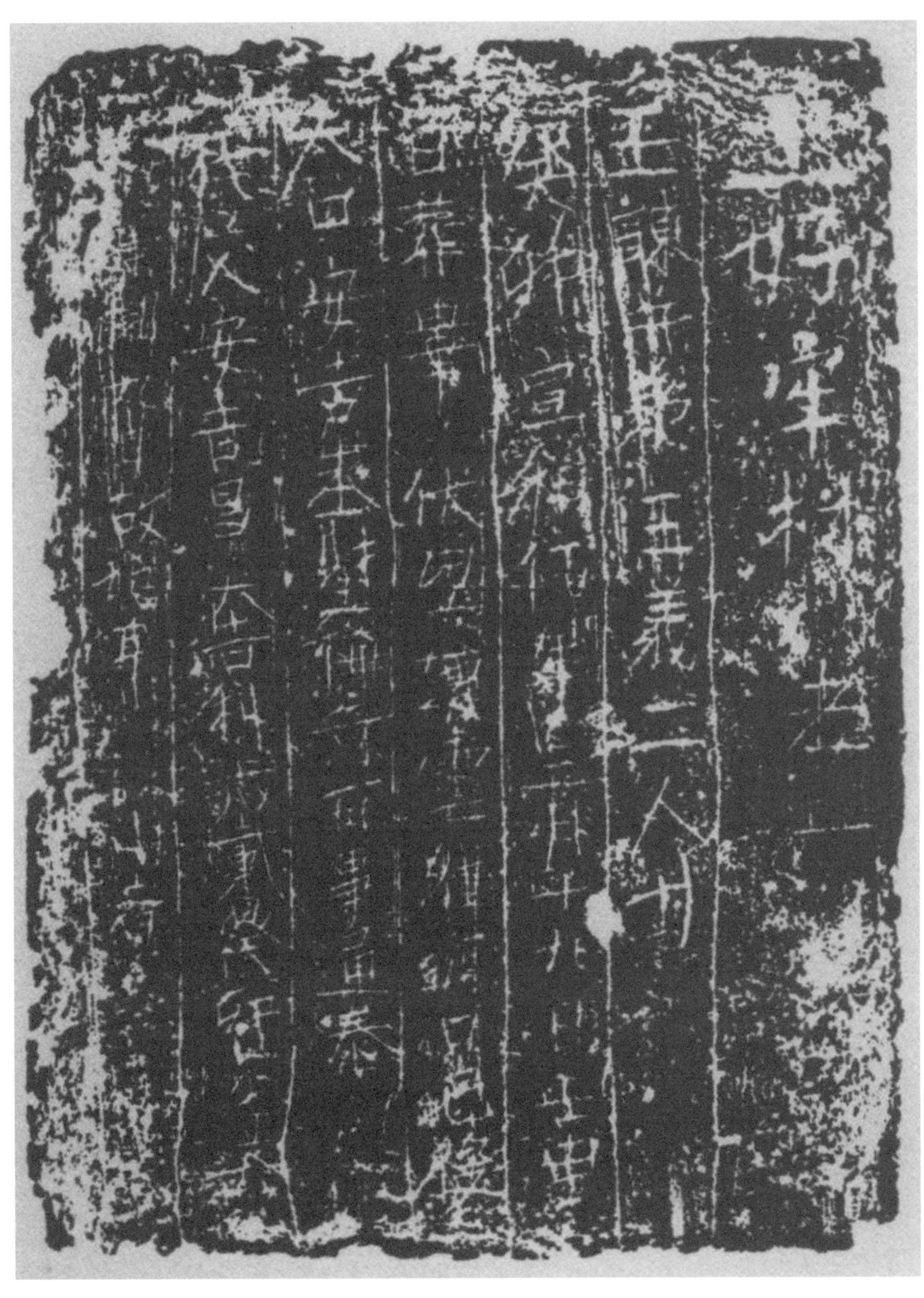

王謙、王義墓記磚

吴大墓記磚　宣和六年（1124）正月十日

名稱： 吴大墓記磚（丙寅五十六字號）
文獻形態： 墓磚長、寬均 35 厘米。誌文正書 4 行 29 字。
卒葬時間： 宣和六年（1124）正月十日葬。
文獻著録： 中國文物研究所、河南省文物研究所編《新中國出土墓誌·河南〔壹〕》，文物出版社，1994 年版，上册第 31 頁、下册第 20 頁；胡海帆、湯燕編《中國古代磚刻銘文集》，文物出版社，2008 年版，上册第 364 頁、下册第 246 頁。
出土情況： 1967 年河南省滑縣八里營鄉萬集村出土，藏滑縣文物管理所。

録文： 丙寅五十六字號。殺//死賊人吴大尸腔，不得//年颜。宣和六年正月初//十日葬。

吴大墓記磚

張德墓記磚　宣和六年（1124）八月八日

名稱： 張德墓記磚（丙寅七十字號）
文獻形態： 墓磚長、寬均 30 厘米。誌文正書 5 行 32 字。
卒葬時間： 宣和六年（1124）八月八日葬。
文獻著録： 中國文物研究所、河南省文物研究所編《新中國出土墓誌・河南〔壹〕》，文物出版社，1994 年版，上册第 32 頁、下册第 20 頁；胡海帆、湯燕編《中國古代磚刻銘文集》，文物出版社，2008 年版，上册第 364 頁、下册第 246—247 頁。
出土情況： 1967 年河南省滑縣八里營鄉萬集村出土，藏滑縣文物管理所。

録文： 丙寅七十字號。隨//遞軍人張德尸首，//年約二十四五，已來。//宣和六年八月初八//日葬。

張德墓記磚

李旺墓記磚　宣和六年（1124）八月八日

名稱： 李旺墓記磚（丙寅八十四字號）

文獻形態： 墓磚長、寬均 30 厘米。誌文正書 5 行 32 字。

卒葬時間： 宣和六年（1124）八月八日葬。

文獻著録： 中國文物研究所、河南省文物研究所編《新中國出土墓誌·河南〔壹〕》，文物出版社，1994 年版，上册第 33 頁、下册第 21 頁；殷蓀《中國磚銘》，江蘇美術出版社，1998 年版，圖版下册第 1129 頁；胡海帆、湯燕編《中國古代磚刻銘文集》，文物出版社，2008 年版，上册第 365 頁、下册第 247 頁。

出土情況： 1967 年河南省滑縣八里營鄉萬集村出土，藏滑縣文物管理所。

録文： 丙寅八十四字號。獄//內罪人李旺尸首，年//約三十六七，已來。宣和//六年九月十七日葬。

李旺墓記磚

宋四郎葬記磚　宣和八年（1126）二月一日

名稱：宋四郎葬記磚
文獻形態：墓磚尺寸不詳。誌文 7 行 49 字。
卒葬時間：宣和八年（1126）二月一日葬。
文獻著録：胡海帆、湯燕編《中國古代磚刻銘文集》，文物出版社，2008 年版，上册第 365 頁、下册第 247 頁。
出土情況：1983 年河南省新安縣石寺鄉李莊出土，藏洛陽古墓博物館。

録文：宋四郎家外宅墳，//新安縣裹郭下居//住。磚作人賈博士、//劉博士，莊住張窑，//同共砌墓。畫墓人//楊彪。宣和捌年貳月初一日大葬記。

宋四郎葬記磚

□德墓磚　宣和年间（1119—1125）

名稱：□德墓磚

文獻形態：墓磚長、寬均 31 厘米，厚 7 厘米。誌文正書殘存 2 行 8 字。

卒葬時間：宣和年间（1119—1125）葬。

文獻著録：賀官保《西京洛陽漏澤園墓磚》，文物編輯委員會編《文物資料叢刊》第 7 集，文物出版社，1983 年版，第 154 頁；胡海帆、湯燕編《中國古代磚刻銘文集》，文物出版社，2008 年版，上册第 365 頁、下册第 247 頁。

出土情況：河南省洛陽市出土。

録文：［上缺］女姐兒//□德尸。宣和//［下缺］。

王進墓記磚　北宋（960—1127）某年正月二日

名稱：王進墓記磚（陶字號）

文獻形態：墓磚長 30 厘米，寬 30.5 厘米，厚 5 厘米。誌文行書 4 行 42 字。

卒葬時間：北宋（960—1127）某年正月二日葬。

文獻著録：三門峽市文物工作隊編《北宋陝州漏澤園》，文物出版社，1999 年版，第 159 頁；胡海帆、湯燕編《中國古代磚刻銘文集》，文物出版社，2008 年版，上册第 391 頁、下册第 269—270 頁。

出土情況：1985 年至 1994 年間河南省三門峽市上村嶺向陽村出土。

録文：陶字號。本府横渠遞鋪//兵士王進，年約三十一二，正月初//一日撿驗了當，正月初二日依//條立峰，葬埋記識訖。

□德墓磚

王俊墓記磚　北宋（960—1127）某年正月三日

名稱：王俊墓記磚（甲子武字號）
文獻形態：墓磚長 30 厘米，寬 30.5 厘米，厚 5 厘米。誌文行書 5 行 40 字。
卒葬時間：北宋（960—1127）某年正月三日葬。
文獻著録：三門峽市文物工作隊編《北宋陝州漏澤園》，文物出版社，1999 年版，第 301 頁；胡海帆、湯燕編《中國古代磚刻銘文集》，文物出版社，2008 年版，上册第 426 頁、下册第 296—297 頁。
出土情況：1985 年至 1994 年間河南省三門峽市上村嶺向陽村出土。

録文：甲子武。使衙判送下//在州安濟坊狀，抬舁//到毫州[1]斷配解州//牢城指揮王俊，正//月初三日收管，當//日葬埋訖。

[1] 當爲“亳州”。

陳進墓記磚　北宋（960—1127）某年正月五日

名稱：陳進墓記磚（民字號）
文獻形態：墓磚長 30 厘米，寬 30.5 厘米，厚 5 厘米。誌文行書 5 行 49 字。
卒葬時間：北宋（960—1127）某年正月五日葬。
文獻著録：三門峽市文物工作隊編《北宋陝州漏澤園》，文物出版社，1999 年版，第 160 頁；胡海帆、湯燕編《中國古代磚刻銘文集》，文物出版社，2008 年版，上册第 392 頁、下册第 270 頁。
出土情況：1985 年至 1994 年間河南省三門峽市上村嶺向陽村出土。

録文：民字號。東京弟二將下倚騎//射弟七指揮兵士陳進，年約//二十一二，正月初四日撿驗了當，正//月初正[1]五日依//條立峰，葬埋記識訖。

[1]“正”字衍。

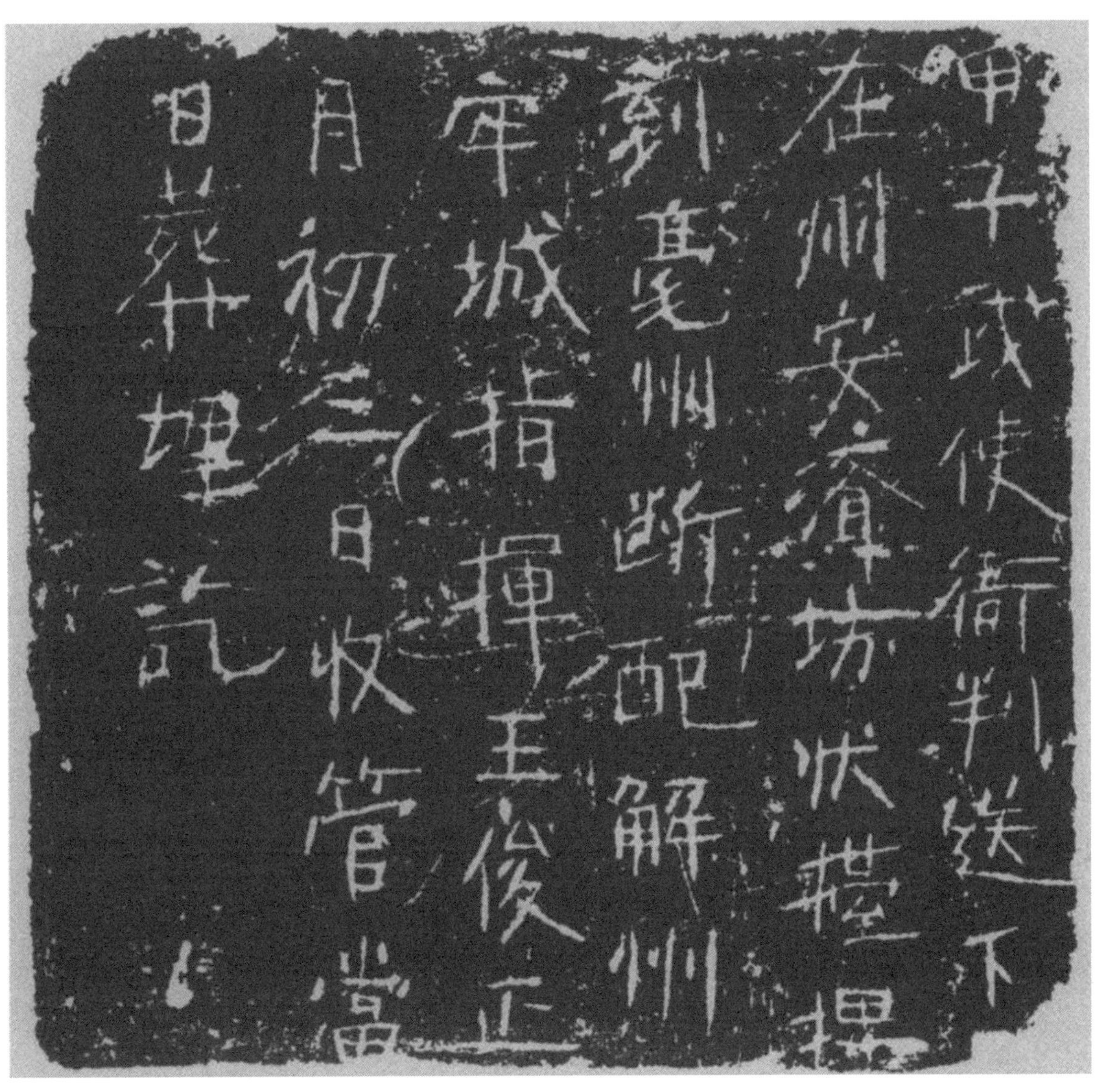

王俊墓記磚

□千墓記磚　北宋（960—1127）某年正月七日

名稱：□千墓記磚（乙丑□字號）
文獻形態：墓磚長 31.5 厘米，寬 31 厘米，厚 5 厘米。誌文行書 5 行 26 字。
卒葬時間：北宋（960—1127）某年正月七日葬。
文獻著録：三門峽市文物工作隊編《北宋陝州漏澤園》，文物出版社，1999 年版，第 324 頁；胡海帆、湯燕編《中國古代磚刻銘文集》，文物出版社，2008 年版，上册第 431 頁、下册第 301 頁。
出土情況：1985 年至 1994 年間河南省三門峽市上村嶺向陽村出土。

録文：乙丑□。澗南//巡檢頭子磁鍾//社，抬舁到百姓//□千，正月七日//葬埋訖。

朱成墓記磚　北宋（960—1127）某年正月十一日

名稱：朱成墓記磚（罪字號）
文獻形態：墓磚長、寬均 30 厘米，厚 5 厘米。誌文行書 5 行 50 字。
卒葬時間：北宋（960—1127）某年正月十一日葬。
文獻著録：三門峽市文物工作隊編《北宋陝州漏澤園》，文物出版社，1999 年版，第 161 頁；胡海帆、湯燕編《中國古代磚刻銘文集》，文物出版社，2008 年版，上册第 392 頁、下册第 270 頁。
出土情況：1985 年至 1994 年間河南省三門峽市上村嶺向陽村出土。

録文：罪字號。壕寨司寄役身死//兵士朱成，年約二十一二，係鞏//縣勇捷指揮，正月初十日撿//驗了當，正月十一日依//條立峰，葬埋記識訖。

李昌墓記磚　北宋（960—1127）某年正月十二日

名稱：李昌墓記磚（甲子并字號）

文獻形態：墓磚長 30 厘米，寬 15 厘米，厚 5 厘米。誌文行書 3 行 22 字。

卒葬時間：北宋（960—1127）某年正月十二日葬。

文獻著録：三門峽市文物工作隊編《北宋陝州漏澤園》，文物出版社，1999 年版，第 335 頁；胡海帆、湯燕編《中國古代磚刻銘文集》，文物出版社，2008 年版，上册第 431 頁、下册第 300—301 頁。

出土情況：河南省三門峽市上村嶺向陽村出土。采集品，出土時間不詳。

録文：甲子并。本縣主簿頭子//抬到軍人李昌，正月十//二日葬訖。

李青墓記磚　北宋（960—1127）某年正月十三日

名稱：李青墓記磚（周字號）

文獻形態：墓磚長 30 厘米，寬 31 厘米，厚 5 厘米。誌文行書 4 行 38 字。

卒葬時間：北宋（960—1127）某年正月十三日葬。

文獻著録：三門峽市文物工作隊編《北宋陝州漏澤園》，文物出版社，1999 年版，第 162 頁；胡海帆、湯燕編《中國古代磚刻銘文集》，文物出版社，2008 年版，上册第 392 頁、下册第 270 頁。

出土情況：1985 年至 1994 年間河南省三門峽市上村嶺向陽村出土。

録文：周字號。磁鍾遞[1]兵士李青，//年三十一二，正月十二日撿驗了//當，正月十三日依//條立峰，葬埋記識訖。

[1] 此處漏刻“鋪”字。

阿陳墓記磚　北宋（960—1127）某年正月十四日

名稱：阿陳墓記磚（發字號）
文獻形態：墓磚長、寬均30厘米，厚5厘米。誌文行書5行49字。
卒葬時間：北宋（960—1127）某年正月十四日葬。
文獻著録：三門峽市文物工作隊編《北宋陝州漏澤園》，文物出版社，1999年版，第163頁；胡海帆、湯燕編《中國古代磚刻銘文集》，文物出版社，2008年版，上册第392頁、下册第270頁。
出土情況：1985年至1994年間河南省三門峽市上村嶺向陽村出土。

録文：發字號。仁先院孤老//婦人阿陳，年約七十六七，//係本府平陸縣人事，正月//十三日撿驗了當，正月十四日依//條立峰，葬埋記識訖。

無名氏軍人墓記磚（殷字號，第一種）　北宋（960—1127）某年正月十五日

名稱：無名氏軍人墓記磚（殷字號，第一種）
文獻形態：墓磚長、寬均30厘米，厚5厘米。誌文行書5行42字。
卒葬時間：北宋（960—1127）某年正月十五日葬。
文獻著録：三門峽市文物工作隊編《北宋陝州漏澤園》，文物出版社，1999年版，第164頁；胡海帆、湯燕編《中國古代磚刻銘文集》，文物出版社，2008年版，上册第393頁、下册第270—271頁。
出土情況：1985年至1994年間河南省三門峽市上村嶺向陽村出土。

録文：殷字號。知[1]姓名軍人，年//約四十一二，七里社身死，正月//十四日撿驗了當，正月十五日//依//條立峰，葬埋記識訖。

[1] 疑“知”字前脱“不”字。

無名氏軍人墓記磚（殷字號，第二種） 北宋（960—1127）某年正月十五日

名稱：無名氏軍人墓記磚（殷字號，第二種）
文獻形態：墓磚長、寬均30厘米，厚5厘米。誌文行書5行43字。
卒葬時間：北宋（960—1127）某年正月十五日葬。
文獻著録：三門峽市文物工作隊編《北宋陝州漏澤園》，文物出版社，1999年版，第165頁；胡海帆、湯燕編《中國古代磚刻銘文集》，文物出版社，2008年版，上册第393頁、下册第271頁。
出土情况：1985年至1994年間河南省三門峽市上村嶺向陽村出土。

録文：殷字號。不知姓名軍人，年//約四十一二，七里社身死，正月//十四日撿驗了當，正月十五//日依//條立峰，葬埋記識訖。

劉德墓記磚 北宋（960—1127）某年正月二十一日

名稱：劉德墓記磚（問字號）
文獻形態：墓磚長、寬均30厘米，厚5厘米。誌文行書5行46字。
卒葬時間：北宋（960—1127）某年正月二十一日葬。
文獻著録：三門峽市文物工作隊編《北宋陝州漏澤園》，文物出版社，1999年版，第166頁；胡海帆、湯燕編《中國古代磚刻銘文集》，文物出版社，2008年版，上册第393頁、下册第271頁。
出土情况：1985年至1994年間河南省三門峽市上村嶺向陽村出土。

録文：問字號。横渠急脚鋪//兵士劉德，年二十九歲，係//蔡州人事，正月二十日撿//驗了當，正月二十一日依//條立峰，葬埋記識訖。

董安墓記磚　北宋（960—1127）某年正月二十八日

名稱： 董安墓記磚（甲子邑字號）
文獻形態： 墓磚長、寬均 31 厘米，厚 5 厘米。誌文行書 5 行 42 字。
卒葬時間： 北宋（960—1127）某年正月二十八日葬。
文獻著録： 三門峽市文物工作隊編《北宋陝州漏澤園》，文物出版社，1999 年版，第 268 頁；胡海帆、湯燕編《中國古代磚刻銘文集》，文物出版社，2008 年版，上册第 417 頁、下册第 289—290 頁。
出土情況： 1985 年至 1994 年間河南省三門峽市上村嶺向陽村出土。

録文： 甲子邑字號。平陸縣尉//頭子抬舁到東京殿//前虎翼左三十長行董//安，正月二十八日撿驗了當，//當日葬埋訖。

張乂墓記磚　北宋（960—1127）某年正月三十日

名稱： 張乂墓記磚（木字號）
文獻形態： 墓磚長、寬均 30 厘米，厚 3 厘米。誌文行書 4 行 27 字。
卒葬時間： 北宋（960—1127）某年正月三十日葬。
文獻著録： 三門峽市文物工作隊編《北宋陝州漏澤園》，文物出版社，1999 年版，第 329 頁；胡海帆、湯燕編《中國古代磚刻銘文集》，文物出版社，2008 年版，上册第 403 頁、下册第 279 頁。
出土情況： 1985 年至 1994 年間河南省三門峽市上村嶺向陽村出土。

録文： 木字號。西京白波指//揮長行張乂，年約□//十八九歲，正月三十日葬//埋記。

無名氏墓記磚（甲子趙字號） 北宋（960—1127）某年二月二日

名稱： 無名氏墓記磚（甲子趙字號）
文獻形態： 墓磚長 30 厘米，寬 15 厘米，厚 5 厘米。誌文行書 3 行殘存 17 字。
卒葬時間： 北宋（960—1127）某年二月二日葬。
文獻著録： 三門峽市文物工作隊編《北宋陝州漏澤園》，文物出版社，1999 年版，第 302 頁；胡海帆、湯燕編《中國古代磚刻銘文集》，文物出版社，2008 年版，上册第 426 頁、下册第 297 頁。
出土情況： 河南省三門峽市上村嶺向陽村出土。采集品，出土時間不詳。

録文： 甲子趙。平陸縣［下缺］//東門遞鋪前［下缺］，//二月二日收葬。

張德墓記磚 北宋（960—1127）某年二月三日

名稱： 張德墓記磚（甲子嚴字號）
文獻形態： 墓磚長、寬均 30 厘米，厚 3 厘米。誌文行書 3 行 26 字，磚右下角缺。
卒葬時間： 北宋（960—1127）某年二月三日葬。
文獻著録： 三門峽市文物工作隊編《北宋陝州漏澤園》，文物出版社，1999 年版，第 330 頁；胡海帆、湯燕編《中國古代磚刻銘文集》，文物出版社，2008 年版，上册第 430 頁、下册第 299—300 頁。
出土情況： 河南省三門峽市上村嶺向陽村出土。采集品，出土時間不詳。

録文： 甲子嚴。［下缺］//頭子抬舁［下缺］//軍河清指揮［下缺］//張德，二月三日［下缺］//驗了當，當日葬//埋訖。

解德墓記磚　北宋（960—1127）某年二月七日

名稱：解德墓記磚（甲子魏字號）
文獻形態：墓磚長 30.5 厘米，寬 29.5 厘米，厚 5 厘米。誌文行書 6 行 36 字。
卒葬時間：北宋（960—1127）某年二月七日葬。
文獻著録：三門峽市文物工作隊編《北宋陝州漏澤園》，文物出版社，1999 年版，第 303 頁；胡海帆、湯燕編《中國古代磚刻銘文集》，文物出版社，2008 年版，上册第 426 頁、下册第 297 頁。
出土情況：1985 年至 1994 年間河南省三門峽市上村嶺向陽村出土。

録文：［上缺］子魏。司户頭子//抬舁到駐泊廣//勇右二一指揮//兵士解德，二月七//日撿驗了當，當//日葬埋訖。

孟進墓記磚　北宋（960—1127）某年二月十三日

名稱：孟進墓記磚（甲子横字號）
文獻形態：墓磚長 30.5 厘米，寬 29.5 厘米，厚 5 厘米。誌文行書 6 行 36 字。
卒葬時間：北宋（960—1127）某年二月十三日葬。
文獻著録：三門峽市文物工作隊編《北宋陝州漏澤園》，文物出版社，1999 年版，第 304 頁；胡海帆、湯燕編《中國古代磚刻銘文集》，文物出版社，2008 年版，上册第 426 頁、下册第 297 頁。
出土情況：1985 年至 1994 年間河南省三門峽市上村嶺向陽村出土。

録文：甲子横。在州安濟坊抬到//新安縣牛張遞鋪兵士//孟進，二月十三日收葬。

秦寧墓記磚（甲子途字號，第一種） 北宋（960—1127）某年二月十六日

名稱：秦寧墓記磚（甲子途字號，第一種）
文獻形態：墓磚長 30.5 厘米，寬 30 厘米，厚 5 厘米。誌文行書 6 行 38 字。
卒葬時間：北宋（960—1127）某年二月十六日葬。
文獻著録：三門峽市文物工作隊編《北宋陝州漏澤園》，文物出版社，1999 年版，第 308 頁；胡海帆、湯燕編《中國古代磚刻銘文集》，文物出版社，2008 年版，上册第 427 頁、下册第 297 頁。
出土情況：1985 年至 1994 年間河南省三門峽市上村嶺向陽村出土。

録文：甲子途。弟秦遇狀∥抬舁到兄駐泊東∥京廣勇右二一指∥揮兵士秦寧，二∥月十六日收管，當∥日葬埋訖。

秦寧墓記磚（甲子途字號，第二種） 北宋（960—1127）某年二月十六日

名稱：秦寧墓記磚（甲子途字號，第二種）
文獻形態：墓磚長、寬均 31.5 厘米，厚 4.5 厘米。誌文行書 5 行 38 字。
卒葬時間：北宋（960—1127）某年二月十六日葬。
文獻著録：三門峽市文物工作隊編《北宋陝州漏澤園》，文物出版社，1999 年版，第 309 頁；胡海帆、湯燕編《中國古代磚刻銘文集》，文物出版社，2008 年版，上册第 427 頁、下册第 297—298 頁。
出土情況：1985 年至 1994 年間河南省三門峽市上村嶺向陽村出土。

録文：甲子途。弟秦遇狀抬∥舁到兄駐泊東京廣∥勇右二一指揮兵士∥秦寧，二月十六日收∥管，當日葬埋訖。

徐清墓記磚　北宋（960—1127）某年二月十六日

名稱： 徐清墓記磚（甲子號字號）

文獻形態： 墓磚長、寬均 31.5 厘米，厚 4.5 厘米。誌文行書 5 行 38 字。

卒葬時間： 北宋（960—1127）某年二月十六日葬。

文獻著録： 三門峽市文物工作隊編《北宋陝州漏澤園》，文物出版社，1999 年版，第 310 頁；胡海帆、湯燕編《中國古代磚刻銘文集》，文物出版社，2008 年版，上册第 427 頁、下册第 298 頁。

出土情況： 河南省三門峽市上村嶺向陽村出土。采集品，出土時間不詳。

録文： 甲子號。司[户]頭子抬到濟州武∥衛弟五十一指揮兵士徐清，二∥月十六日收葬。

阿郭墓記磚　北宋（960—1127）某年二月十六日

名稱： 阿郭墓記磚（甲子踐字號）

文獻形態： 墓磚長 29.5 厘米，寬 15.5 厘米，厚 5 厘米。誌文行書 3 行 24 字。

卒葬時間： 北宋（960—1127）某年二月十六日葬。

文獻著録： 三門峽市文物工作隊編《北宋陝州漏澤園》，文物出版社，1999 年版，第 311 頁；胡海帆、湯燕編《中國古代磚刻銘文集》，文物出版社，2008 年版，上册第 427 頁、下册第 298 頁。

出土情況： 河南省三門峽市上村嶺向陽村出土。采集品，出土時間不詳。

録文： 甲子踐。左厢貧子院賈青∥狀，抬到婦人阿郭，二月十九∥日收葬。

秦皋墓記磚　北宋（960—1127）某年二月二十日

名稱：秦皋墓記磚（乙丑慕字号）
文獻形態：墓磚長、寬均 31 厘米，厚 5 厘米。誌文行書 4 行 26 字。
卒葬時間：北宋（960—1127）某年二月二十日葬。
文獻著録：三門峽市文物工作隊編《北宋陝州漏澤園》，文物出版社，1999 年版，第 325 頁；胡海帆、湯燕編《中國古代磚刻銘文集》，文物出版社，2008 年版，上册第 432 頁、下册第 301 頁。
出土情況：1985 年至 1994 年間河南省三門峽市上村嶺向陽村出土。

録文：乙丑慕。監倉忠訓頭子//抬舁到身死罪//人秦皋，二月二十日葬//埋訖。

阿党墓記磚　北宋（960—1127）某年二月二十三日

名稱：阿党墓記磚（甲子洛字號）
文獻形態：墓磚長、寬均 30.5 厘米，厚 5 厘米。誌文行書 4 行 39 字。
卒葬時間：北宋（960—1127）某年二月二十三日葬。
文獻著録：三門峽市文物工作隊編《北宋陝州漏澤園》，文物出版社，1999 年版，第 269 頁；胡海帆、湯燕編《中國古代磚刻銘文集》，文物出版社，2008 年版，上册第 417 頁、下册第 290 頁。
出土情況：1985 年至 1994 年間河南省三門峽市上村嶺向陽村出土。

録文：甲子洛字號。使衙判送下//在州安濟坊狀，抬舁到//本府人寡婦阿党，二月二//十三日收管，當日葬埋訖。

無名氏百姓墓記磚（甲子浮字號） 北宋（960—1127）某年二月二十四日

名稱： 無名氏百姓墓記磚（甲子浮字號）
文獻形態： 墓磚尺寸不詳。誌文行書 4 行殘存 25 字。
卒葬時間： 北宋（960—1127）某年二月二十四日葬。
文獻著録： 三門峽市文物工作隊編《北宋陝州漏澤園》，文物出版社，1999 年版，第 270 頁；胡海帆、湯燕編《中國古代磚刻銘文集》，文物出版社，2008 年版，上册第 417 頁、下册第 290 頁。
出土情況： 1985 年至 1994 年間河南省三門峽市上村嶺向陽村出土。

録文： 甲子浮字號。左厢貧［下缺］//抬舁到本府百姓［下缺］，//二月二十四日收管，［下缺］//埋訖。

張進墓記磚 北宋（960—1127）某年三月四日

名稱： 張進墓記磚（乙丑貞字號）
文獻形態： 墓磚長 31 厘米，寬 30.5 厘米，厚 5 厘米。誌文行書 3 行 23 字。
卒葬時間： 北宋（960—1127）某年三月四日葬。
文獻著録： 三門峽市文物工作隊編《北宋陝州漏澤園》，文物出版社，1999 年版，第 326 頁；胡海帆、湯燕編《中國古代磚刻銘文集》，文物出版社，2008 年版，上册第 432 頁、下册第 301 頁。
出土情況： 1985 年至 1994 年間河南省三門峽市上村嶺向陽村出土。

録文： 乙丑貞。平陸縣尉頭子//抬舁到身死張進，//三月初四日埋訖。

張逵墓記磚（甲子據字號，第一種） 北宋（960—1127）某年三月六日

名稱： 張逵墓記磚（甲子據字號，第一種）

文獻形態： 墓磚長、寬均 31 厘米，厚 4.5 厘米。誌文行書 5 行 36 字。

卒葬時間： 北宋（960—1127）某年三月六日葬。

文獻著録： 三門峽市文物工作隊編《北宋陝州漏澤園》，文物出版社，1999 年版，第 271 頁；胡海帆、湯燕編《中國古代磚刻銘文集》，文物出版社，2008 年版，上册第 418 頁、下册第 290 頁。

出土情況： 1985 年至 1994 年間河南省三門峽市上村嶺向陽村出土。

録文： 甲子據字號。本縣尉頭//子抬舁到南新店遞//鋪兵士張逵，三月初六日//撿驗了當，//當日葬埋//訖。

張逵墓記磚（甲子據字號，第二種） 北宋（960—1127）某年三月六日

名稱： 張逵墓記磚（甲子據字號，第二種）

文獻形態： 墓磚長 31.5 厘米，寬 16 厘米，厚 5 厘米。誌文行書 4 行 35 字。

卒葬時間： 北宋（960—1127）某年三月六日葬。

文獻著録： 三門峽市文物工作隊編《北宋陝州漏澤園》，文物出版社，1999 年版，第 272 頁；胡海帆、湯燕編《中國古代磚刻銘文集》，文物出版社，2008 年版，上册第 418 頁、下册第 290 頁。

出土情況： 1985 年至 1994 年間河南省三門峽市上村嶺向陽村出土。

録文： 甲子據字號。本縣尉頭子抬//舁到南新店遞鋪兵士張//逵，三月初六日撿驗了當//，當[1]葬埋訖。

[1] 漏刻“日”字。

李二君墓記磚　北宋（960—1127）某年三月二十四日

名稱：李二君墓記磚（流字號）
文獻形態：墓磚長 31 厘米，寬 30 厘米，厚 5 厘米。誌文行書 3 行 26 字。
卒葬時間：北宋（960—1127）某年三月二十四日葬。
文獻著録：三門峽市文物工作隊編《北宋陝州漏澤園》，文物出版社，1999 年版，第 214 頁；胡海帆、湯燕編《中國古代磚刻銘文集》，文物出版社，2008 年版，上册第 403 頁、下册第 279 頁。
出土情况：1985 年至 1994 年間河南省三門峽市上村嶺向陽村出土。

録文：流字號。降州神竇監軍//人李二君，年約三十四//五，三月二十四日記。

無名氏百姓墓記磚（乙丑瑟字號）　北宋（960—1127）某年四月七日

名稱：無名氏百姓墓記磚（乙丑瑟字號）
文獻形態：墓磚長 30 厘米，寬 15 厘米。誌文行書 2 行殘存 15 字。
卒葬時間：北宋（960—1127）某年四月七日葬。
文獻著録：三門峽市文物工作隊編《北宋陝州漏澤園》，文物出版社，1999 年版，第 337 頁；胡海帆、湯燕編《中國古代磚刻銘文集》，文物出版社，2008 年版，上册第 433 頁、下册第 302 頁。
出土情况：河南省三門峽市上村嶺向陽村出土。采集品，出土時間不詳。

録文：乙丑瑟。城南廂貧子院//楊兵狀，抬到百姓□□，//四月初七日收葬。

杜興墓記磚（甲子禽字號，第一種） 北宋（960—1127）某年四月十日

名稱：杜興墓記磚（甲子禽字號，第一種）
文獻形態：墓磚長、寬均 30.5 厘米，厚 5 厘米。誌文行書 4 行 38 字。
卒葬時間：北宋（960—1127）某年四月十日葬。
文獻著録：三門峽市文物工作隊編《北宋陝州漏澤園》，文物出版社，1999 年版，第 273 頁；胡海帆、湯燕編《中國古代磚刻銘文集》，文物出版社，2008 年版，上册第 418 頁、下册第 290—291 頁。
出土情況：1985 年至 1994 年間河南省三門峽市上村嶺向陽村出土。

録文：甲子禽字號。使衙判送下//在州安濟坊狀，抬舁到本//府人百姓杜興，四月初十//日收管，當日葬埋訖。

杜興墓記磚（甲子禽字號，第二種） 北宋（960—1127）某年四月十日

名稱：杜興墓記磚（甲子禽字號，第二種）
文獻形態：墓磚長 30.5 厘米，寬 30 厘米，厚 5 厘米。誌文行書 4 行 38 字。
卒葬時間：北宋（960—1127）某年四月十日葬。
文獻著録：三門峽市文物工作隊編《北宋陝州漏澤園》，文物出版社，1999 年版，第 274 頁；胡海帆、湯燕編《中國古代磚刻銘文集》，文物出版社，2008 年版，上册第 418 頁、下册第 291 頁。
出土情況：1985 年至 1994 年間河南省三門峽市上村嶺向陽村出土。

録文：甲子禽字號。使衙判送下//在州安濟坊狀，抬舁到本//府人百姓杜興，四月初十//日收管，當日葬埋訖。

王吉墓記磚　北宋（960—1127）某年四月十三日

名稱： 王吉墓記磚（甲子晝字號）
文獻形態： 墓磚長 31 厘米，寬 30.5 厘米，厚 5 厘米。誌文行書 5 行 43 字。
卒葬時間： 北宋（960—1127）某年四月十三日葬。
文獻著録： 三門峽市文物工作隊編《北宋陝州漏澤園》，文物出版社，1999 年版，第 275 頁；胡海帆、湯燕編《中國古代磚刻銘文集》，文物出版社，2008 年版，上册第 419 頁、下册第 291 頁。
出土情況： 1985 年至 1994 年間河南省三門峽市上村嶺向陽村出土。

録文： 甲子晝字號。使衙判送//下在州安濟坊狀，抬舁//到陳州牢城弟五指揮//兵士王吉，四月十三日收//管，當日葬埋訖。

阿趙墓記磚　北宋（960—1127）某年四月十六日

名稱： 阿趙墓記磚（乙丑靡字號）
文獻形態： 墓磚長 30.5 厘米，寬 31 厘米，厚 6 厘米。誌文行書 4 行 26 字。
卒葬時間： 北宋（960—1127）某年四月十六日葬。
文獻著録： 三門峽市文物工作隊編《北宋陝州漏澤園》，文物出版社，1999 年版，第 327 頁；胡海帆、湯燕編《中國古代磚刻銘文集》，文物出版社，2008 年版，上册第 432 頁、下册第 301 頁。
出土情況： 1985 年至 1994 年間河南省三門峽市上村嶺向陽村出土。

録文： 乙丑靡。陕縣尉//頭子抬舁到平陸縣婦人阿趙，//四月十六日收葬訖。

楊元墓記磚　北宋（960—1127）某年四月十六日

名稱： 楊元墓記磚（乙丑珠字號）
文獻形態： 墓磚長 30 厘米，寬 15 厘米。誌文行書 2 行殘存 15 字。
卒葬時間： 北宋（960—1127）某年四月十六日葬。
文獻著録： 三門峽市文物工作隊編《北宋陝州漏澤園》，文物出版社，1999 年版，第 336 頁；胡海帆、湯燕編《中國古代磚刻銘文集》，文物出版社，2008 年版，上册第 432 頁、下册第 302 頁。
出土情況： 河南省三門峽市上村嶺向陽村出土。采集品，出土時間不詳。

録文： 乙丑珠。司户頭子抬到身//死軍人楊元［下缺］。

苻又墓記磚　北宋（960—1127）某年四月十八日

名稱： 苻又墓記磚（常字號）
文獻形態： 墓磚長、寬均 30 厘米，厚 5 厘米。誌文行書 5 行 38 字。
卒葬時間： 北宋（960—1127）某年四月十八日葬。
文獻著録： 三門峽市文物工作隊編《北宋陝州漏澤園》，文物出版社，1999 年版，第 167 頁；胡海帆、湯燕編《中國古代磚刻銘文集》，文物出版社，2008 年版，上册第 393 頁、下册第 271 頁。
出土情況： 1985 年至 1994 年間河南省三門峽市上村嶺向陽村出土。

録文： 常字號。鞏縣百姓苻又，年//五十一二歲，四月十七日檢驗了//當，四月十八日依//條立峰，葬埋記識訖。

□昌墓記磚　北宋（960—1127）某年五月一日

名稱：□昌墓記磚（甲子省字號）

文獻形態：墓磚長 30 厘米，寬 15 厘米，厚 5 厘米。誌文行書 3 行 29 字。

卒葬時間：北宋（960—1127）某年五月一日葬。

文獻著録：三門峽市文物工作隊編《北宋陝州漏澤園》，文物出版社，1999 年版，第 332 頁；胡海帆、湯燕編《中國古代磚刻銘文集》，文物出版社，2008 年版，上册第 430 頁、下册第 300 頁。

出土情况：河南省三門峽市上村嶺向陽村出土。采集品，出土時間不詳。

録文：甲子省。左厢貧子院樊□//狀，抬到本縣朱王村人百姓□//昌，正月一日收葬。

畢徊墓記磚（甲子舍字號，第一種）　北宋（960—1127）某年五月十日

名稱：畢徊墓記磚（甲子舍字號，第一種）

文獻形態：墓磚長 30.5 厘米，寬 30 厘米，厚 5 厘米。誌文行書 4 行 36 字。

卒葬時間：北宋（960—1127）某年五月十日葬。

文獻著録：三門峽市文物工作隊編《北宋陝州漏澤園》，文物出版社，1999 年版，第 276 頁；胡海帆、湯燕編《中國古代磚刻銘文集》，文物出版社，2008 年版，上册第 419 頁下册第 291 頁。

出土情况：1985 年至 1994 年間河南省三門峽市上村嶺向陽村出土。

録文：甲子舍字號。本縣尉頭//子抬舁到邵武軍乾//寧縣百姓畢徊，五月十日//撿驗了當，當日葬埋訖。

畢徊墓記磚（甲子舍字號，第二種） 北宋（960—1127）某年五月十日

名稱：畢徊墓記磚（甲子舍字號，第二種）
文獻形態：墓磚長 30 厘米，寬 30.5 厘米，厚 5 厘米。誌文行書 4 行 36 字。
卒葬時間：北宋（960—1127）某年五月十日葬。
文獻著録：三門峽市文物工作隊編《北宋陝州漏澤園》，文物出版社，1999 年版，第 277 頁；胡海帆、湯燕編《中國古代磚刻銘文集》，文物出版社，2008 年版，上册第 419 頁、下册第 291 頁。
出土情況：1985 年至 1994 年間河南省三門峽市上村嶺向陽村出土。

録文：甲子舍字號。本縣尉頭子∥抬舁到邵武軍乾寧縣∥百姓畢徊，五月十日∥撿驗∥了當，當日葬埋訖。

杜用墓記磚 北宋（960—1127）某年五月十八日

名稱：杜用墓記磚（養字號）
文獻形態：墓磚長、寬均 31 厘米，厚 5 厘米。誌文行書 5 行 51 字。
卒葬時間：北宋（960—1127）某年五月十八日葬。
文獻著録：三門峽市文物工作隊編《北宋陝州漏澤園》，文物出版社，1999 年版，第 168 頁；胡海帆、湯燕編《中國古代磚刻銘文集》，文物出版社，2008 年版，上册第 394 頁、下册第 271 頁。
出土情況：1985 年至 1994 年間河南省三門峽市上村嶺向陽村出土。

録文：養字號。駐泊司身死東∥京虎翼右二九指揮兵士∥杜用，年約二十四五歲，五月十∥七日撿驗了當，五月十八日依∥條立峰，葬埋記識訖。

無名氏軍員墓記磚（甲子甲字號，第一種） 北宋（960—1127）某年五月二十二日

名稱： 無名氏軍員墓記磚（甲子甲字號，第一種）
文獻形態： 墓磚長 30 厘米，寬 30.5 厘米，厚 5 厘米。誌文行書 4 行 40 字。
卒葬時間： 北宋（960—1127）某年五月二十二日葬。
文獻著録： 三門峽市文物工作隊編《北宋陝州漏澤園》，文物出版社，1999 年版，第 278 頁；胡海帆、湯燕編《中國古代磚刻銘文集》，文物出版社，2008 年版，上册第 419 頁、下册第 291—292 頁。
出土情況： 1985 年至 1994 年間河南省三門峽市上村嶺向陽村出土。

録文： 甲子甲字號。管界巡撿頭子//抬舁到曲汲店身死不知//姓名軍員，五月二十二日撿驗//了當，當日葬埋訖。

無名氏軍員墓記磚（甲子甲字號，第二種） 北宋（960—1127）某年（五月二十二日）

名稱： 無名氏軍員墓記磚（甲子甲字號，第二種）
文獻形態： 墓磚尺寸不詳。誌文行書 4 行 14 字。
卒葬時間： 北宋（960—1127）某年（五月二十二日）葬。
文獻著録： 三門峽市文物工作隊編《北宋陝州漏澤園》，文物出版社，1999 年版，第 278 頁，圖版 79-4；胡海帆、湯燕編《中國古代磚刻銘文集》，文物出版社，2008 年版，上册第 420 頁、下册第 291—292 頁。
出土情況： 1985 年至 1994 年間河南省三門峽市上村嶺向陽村出土。

録文： 甲子甲字［下缺］//子抬舁［下缺］//知姓名軍［下缺］//驗了當。

杜成墓記磚　北宋（960—1127）某年五月二十二日

名稱： 杜成墓記磚（甲子易字號）
文獻形態： 墓磚長 31 厘米，寬 30.5 厘米，厚 5 厘米。誌文行書 4 行 29 字。
卒葬時間： 北宋（960—1127）某年五月二十二日葬。
文獻著録： 三門峽市文物工作隊編《北宋陝州漏澤園》，文物出版社，1999 年版，第 316 頁；胡海帆、湯燕編《中國古代磚刻銘文集》，文物出版社，2008 年版，上册第 428 頁、下册第 298 頁。
出土情況： 1985 年至 1994 年間河南省三門峽市上村嶺向陽村出土。

録文： 甲子易。監酒頭子抬//舁到張村人杜成，五月//二十二日撿驗了當，//當日葬埋訖。

楊進墓記磚　北宋（960—1127）某年六月十一日

名稱： 楊進墓記磚（丁丑□字號）
文獻形態： 墓磚長、寬均 30 厘米，厚 3 厘米。誌文行書 2 行殘存 20 字。
卒葬時間： 北宋（960—1127）某年六月十一日葬。
文獻著録： 三門峽市文物工作隊編《北宋陝州漏澤園》，文物出版社，1999 年版，第 339 頁；胡海帆、湯燕編《中國古代磚刻銘文集》，文物出版社，2008 年版，上册第 433 頁、下册第 302 頁。
出土情況： 河南省三門峽市上村嶺向陽村出土。采集品，出土時間不詳。

録文： 丁丑□字號。//準監倉［下缺］//舁到罪人楊進//尸首，六月十一日//［上缺］訖。

蔡辛墓記磚　北宋（960—1127）某年六月十三日

名稱：蔡辛墓記磚（敢字號）
文獻形態：墓磚長30.5厘米，寬30厘米，厚5厘米。誌文行書5行46字。
卒葬時間：北宋（960—1127）某年六月十三日葬。
文獻著録：三門峽市文物工作隊編《北宋陝州漏澤園》，文物出版社，1999年版，第169頁；胡海帆、湯燕編《中國古代磚刻銘文集》，文物出版社，2008年版，上册第394頁、下册第272頁。
出土情況：1985年至1994年間河南省三門峽市上村嶺向陽村出土。

録文：敢字號。本府壯城指揮//兵士蔡辛，年二十八歲，六月［下缺］//十二日據件作行人秦成抬到，//六月十三日依//條立峰，葬埋記識訖。

樊宜娘墓記磚（甲子宜字號，第一種）　北宋（960—1127）某年七月三日

名稱：樊宜娘墓記磚（甲子宜字號，第一種）
文獻形態：墓磚長30.5厘米，寬30厘米，厚5厘米。誌文行書3行20字。
卒葬時間：北宋（960—1127）某年七月三日葬。
文獻著録：三門峽市文物工作隊編《北宋陝州漏澤園》，文物出版社，1999年版，第215頁；胡海帆、湯燕編《中國古代磚刻銘文集》，文物出版社，2008年版，上册第404頁、下册第279—280頁。
出土情況：1985年至1994年間河南省三門峽市上村嶺向陽村出土。

録文：甲子宜字號。夏縣婦人樊//宜娘，七月初三日葬埋//記。

樊宜娘墓記磚（甲子宜字號，第二種） 北宋（960—1127）某年七月（三日）

名稱：樊宜娘墓記磚（甲子宜字號，第二種）
文獻形態：墓磚長 30.5 厘米，寬 30 厘米，厚 5 厘米。誌文行書 3 行 20 字。
卒葬時間：北宋（960—1127）某年七月（三日）葬。
文獻著録：三門峽市文物工作隊編《北宋陜州漏澤園》，文物出版社，1999 年版，第 215 頁，圖版 63-1；胡海帆、湯燕編《中國古代磚刻銘文集》，文物出版社，2008 年版，上册第 404 頁、下册第 280 頁。
出土情況：1985 年至 1994 年間河南省三門峽市上村嶺向陽村出土。

録文：甲子宜字號。//樊宜娘，七［下缺］//埋記。

杜十墓記磚　北宋（960—1127）某年七月五日

名稱：杜十墓記磚（甲子具字號）
文獻形態：墓磚長、寬均 30.5 厘米，厚 5 厘米。誌文行書 5 行 38 字。
卒葬時間：北宋（960—1127）某年七月五日葬。
文獻著録：三門峽市文物工作隊編《北宋陜州漏澤園》，文物出版社，1999 年版，第 317 頁；胡海帆、湯燕編《中國古代磚刻銘文集》，文物出版社，2008 年版，上册第 428 頁、下册第 298 頁。
出土情況：1985 年至 1994 年間河南省三門峽市上村嶺向陽村出土。

録文：甲子具。使衙判送到在州//安濟坊狀，抬舁到州□//罪人杜十尸首，係古//□人事，七月五日收管，//□日葬埋訖。

無名氏軍人墓記磚（甲子鼓字號，第一種） 北宋（960—1127）某年七月五日

名稱：無名氏軍人墓記磚（甲子鼓字號，第一種）
文獻形態：墓磚長 31 厘米，寬 27 厘米，厚 5 厘米。誌文行書 4 行殘存 32 字。
卒葬時間：北宋（960—1127）某年七月五日葬。
文獻著録：三門峽市文物工作隊編《北宋陝州漏澤園》，文物出版社，1999 年版，第 280 頁；胡海帆、湯燕編《中國古代磚刻銘文集》，文物出版社，2008 年版，上册第 420 頁、下册第 292 頁。
出土情況：1985 年至 1994 年間河南省三門峽市上村嶺向陽村出土。

録文：甲子鼓。本縣尉頭子抬//舁到永定厢身死不知//名軍人，七月初五日［下缺］//當，當日葬埋訖。

無名氏軍人墓記磚（甲子鼓字號，第二種） 北宋（960—1127）某年七月五日

名稱：無名氏軍人墓記磚（甲子鼓字號，第二種）
文獻形態：墓磚長 31 厘米，寬 15.5 厘米，厚 5 厘米。誌文行書 4 行 41 字。
卒葬時間：北宋（960—1127）某年七月五日葬。
文獻著録：三門峽市文物工作隊編《北宋陝州漏澤園》，文物出版社，1999 年版，第 281 頁；胡海帆、湯燕編《中國古代磚刻銘文集》，文物出版社，2008 年版，上册第 420 頁、下册第 292 頁。
出土情況：河南省三門峽市上村嶺向陽村出土。采集品，出土時間不詳。

録文：甲子鼓。本縣尉頭子抬舁到//永定厢身死不知姓名軍人，七//月初五日巳時撿驗了當，//當日葬埋訖。

軍妻三阿杜墓記磚（甲子瑟字號，第一種） 北宋（960—1127）某年七月五日

名稱： 軍妻三阿杜墓記磚（甲子瑟字號，第一種）
文獻形態： 墓磚長 30.5 厘米，寬 30 厘米，厚 5 厘米。誌文行書 5 行 41 字。
卒葬時間： 北宋（960—1127）某年七月五日葬。
文獻著録： 三門峽市文物工作隊編《北宋陝州漏澤園》，文物出版社，1999 年版，第 282 頁；胡海帆、湯燕編《中國古代磚刻銘文集》，文物出版社，2008 年版，上册第 420 頁、下册第 292 頁。
出土情況： 河南省三門峽市上村嶺向陽村出土。采集品，出土時間不詳。

録文： 甲子瑟。使衙判送下在州//安濟坊狀，抬舁雄勝弟//二指揮軍妻三阿杜，七//月初五日酉時收管，當日//葬埋訖。

軍妻三阿杜墓記磚（甲子瑟字號，第二種） 北宋（960—1127）某年七月五日

名稱： 軍妻三阿杜墓記磚（甲子瑟字號，第二種）
文獻形態： 墓磚長、寬均 30.5 厘米，厚 5 厘米。誌文行書 4 行 38 字。
卒葬時間： 北宋（960—1127）某年七月五日葬。
文獻著録： 三門峽市文物工作隊編《北宋陝州漏澤園》，文物出版社，1999 年版，第 283 頁；胡海帆、湯燕編《中國古代磚刻銘文集》，文物出版社，2008 年版，上册第 421 頁、下册第 292—293 頁。
出土情況： 1985 年至 1994 年間河南省三門峽市上村嶺向陽村出土。

録文： 甲子瑟。使衙判送下在州//安濟坊狀，抬舁到雄勝//弟二指揮軍妻三阿杜，//七月初五日酉時葬埋訖。

軍妻三阿杜墓記磚（甲子瑟字號，第三種） 北宋（960—1127）某年七月五日

名稱： 軍妻三阿杜墓記磚（甲子瑟字號，第三種）
文獻形態： 墓磚長 30.5 厘米，寬 15 厘米，厚 5 厘米。誌文行書 4 行 38 字。
卒葬時間： 北宋（960—1127）某年七月五日葬。
文獻著録： 三門峽市文物工作隊編《北宋陝州漏澤園》，文物出版社，1999 年版，第 284 頁；胡海帆、湯燕編《中國古代磚刻銘文集》，文物出版社，2008 年版，上册第 421 頁、下册第 293 頁。
出土情況： 河南省三門峽市上村嶺向陽村出土。采集品，出土時間不詳。

録文： 甲子瑟。在州//安濟坊狀，抬到//雄勝弟二指揮軍妻三阿//杜，七月初五日收葬。

無名氏墓記磚（甲子榮字號，第一種） 北宋（960—1127）某年七月八日

名稱： 無名氏墓記磚（甲子榮字號，第一種）
文獻形態： 墓磚長 30.5 厘米，寬 30 厘米，厚 4.5 厘米。誌文行書 3 行 24 字。
卒葬時間： 北宋（960—1127）某年七月八日葬。
文獻著録： 三門峽市文物工作隊編《北宋陝州漏澤園》，文物出版社，1999 年版，第 216 頁；胡海帆、湯燕編《中國古代磚刻銘文集》，文物出版社，2008 年版，上册第 404 頁、下册第 280 頁。
出土情況： 1985 年至 1994 年間河南省三門峽市上村嶺向陽村出土。

録文： 甲子榮字號。不知姓名百//姓，七月八日撿驗了當，當日//葬埋訖。

無名氏墓記磚（甲子榮字號，第二種） 北宋（960—1127）某年七月八日

名稱：無名氏墓記磚（甲子榮字號，第二種）
卒葬時間：北宋（960—1127）某年七月八日葬。
文獻形態：墓磚長 30.5 厘米，寬 30 厘米，厚 5 厘米。誌文行書 3 行 24 字。
文獻著録：三門峽市文物工作隊編《北宋陝州漏澤園》，文物出版社，1999 年版，第 217 頁；胡海帆、湯燕編《中國古代磚刻銘文集》，文物出版社，2008 年版，上册第 404 頁、下册第 280 頁。
出土情況：1985 年至 1994 年間河南省三門峽市上村嶺向陽村出土。

録文：甲子榮字號。不知姓名百//姓，七月八日撿驗了當，//當日葬埋訖。

周通墓記磚 北宋（960—1127）某年七月十三日

名稱：周通墓記磚（甲子飰字號）
文獻形態：墓磚長 29 厘米，寬 15 厘米，厚 5 厘米。誌文行書 3 行 25 字。
卒葬時間：北宋（960—1127）某年七月十三日葬。
文獻著録：三門峽市文物工作隊編《北宋陝州漏澤園》，文物出版社，1999 年版，第 318 頁；胡海帆、湯燕編《中國古代磚刻銘文集》，文物出版社，2008 年版，上册第 428 頁、下册第 299 頁。
出土情況：河南省三門峽市上村嶺向陽村出土。采集品，出土時間不詳。

録文：甲子飰。靈保[1]縣頭子//抬到軍人周通，渭康//軍人，七月十三日葬訖。

[1] 應爲“靈寶”。

崔立墓記磚（甲子吹字號，第一種） 北宋（960—1127）某年七月十七日

名稱：崔立墓記磚（甲子吹字號，第一種）
文獻形態：墓磚長、寬均 30.5 厘米，厚 5.3 厘米。誌文行書 5 行 37 字。
卒葬時間：北宋（960—1127）某年七月十七日葬。
文獻著録：三門峽市文物工作隊編《北宋陝州漏澤園》，文物出版社，1999 年版，第 285 頁；胡海帆、湯燕編《中國古代磚刻銘文集》，文物出版社，2008 年版，上册第 421 頁、下册第 293 頁。
出土情況：1985 年至 1994 年間河南省三門峽市上村嶺向陽村出土。

録文：甲子吹。司户頭子抬舁//到西京永安縣南門//馬鋪兵士崔立，七月//十七日撿驗了當，當//日葬埋訖。

崔立墓記磚（甲子吹字號，第二種） 北宋（960—1127）某年七月十七日

名稱：崔立墓記磚（甲子吹字號，第二種）
文獻形態：墓磚長 30 厘米，寬 30.5 厘米，厚 5 厘米。誌文行書 5 行 37 字。
卒葬時間：北宋（960—1127）某年七月十七日葬。
文獻著録：三門峽市文物工作隊編《北宋陝州漏澤園》，文物出版社，1999 年版，第 286 頁；胡海帆、湯燕編《中國古代磚刻銘文集》，文物出版社，2008 年版，上册第 421 頁、下册第 293 頁。
出土情況：1985 年至 1994 年間河南省三門峽市上村嶺向陽村出土。

録文：甲子吹。司户頭子抬舁//到西京永安縣南門//馬鋪兵士崔立，七月//十七日撿驗了當，當//日葬埋訖。

王立墓記磚　北宋（960—1127）某年七月十八日

名稱：王立墓記磚（甲子筀字號）
文獻形態：墓磚長 30 厘米，寬 15 厘米，厚 5 厘米。誌文行書 3 行殘存 23 字。
卒葬時間：北宋（960—1127）某年七月十八日葬。
文獻著録：三門峽市文物工作隊編《北宋陝州漏澤園》，文物出版社，1999 年版，第 287 頁；胡海帆、湯燕編《中國古代磚刻銘文集》，文物出版社，2008 年版，上册第 422 頁、下册第 293 頁。
出土情況：河南省三門峽市上村嶺向陽村出土。采集品，出土時間不詳。

録文：甲子筀。在州安濟坊狀，抬//到本府人百姓王立，七月//十八日［下缺］。

五阿杜墓記磚（甲子升字號，第一種）　北宋（960—1127）某年七月二十日

名稱：五阿杜墓記磚（甲子升字號，第一種）
文獻形態：墓磚長 30 厘米，寬 31 厘米，厚 5 厘米。誌文行書 5 行 38 字。
卒葬時間：北宋（960—1127）某年七月二十日葬。
文獻著録：三門峽市文物工作隊編《北宋陝州漏澤園》，文物出版社，1999 年版，第 288 頁；胡海帆、湯燕編《中國古代磚刻銘文集》，文物出版社，2008 年版，上册第 422 頁、下册第 293—294 頁。
出土情況：1985 年至 1994 年間河南省三門峽市上村嶺向陽村出土。

録文：甲子升。本縣頭子抬舁//到安濟坊寡婦五阿杜，//係上南保罐竹社人，七//月二十日收管，當日葬//埋訖。

五阿杜墓記磚（甲子升字號，第二種） 北宋（960—1127）某年七月二十日

名稱： 五阿杜墓記磚（甲子升字號，第二種）
文獻形態： 墓磚長 30 厘米，寬 31 厘米，厚 5 厘米。誌文行書 5 行 38 字。
卒葬時間： 北宋（960—1127）某年七月二十日葬。
文獻著録： 三門峽市文物工作隊編《北宋陜州漏澤園》，文物出版社，1999 年版，第 289 頁；胡海帆、湯燕編《中國古代磚刻銘文集》，文物出版社，2008 年版，上册第 422 頁、下册第 294 頁。
出土情況： 1985 年至 1994 年間河南省三門峽市上村嶺向陽村出土。

録文： 甲子升。本縣頭子抬舁//到安濟坊寡婦五//阿杜，係上南保罐竹社//人，七月二十日收管，//當日葬埋訖。

張明墓記磚（甲子納字號，第一種） 北宋（960—1127）某年七月二十一日

名稱： 張明墓記磚（甲子納字號，第一種）
文獻形態： 墓磚長 30 厘米，寬 31 厘米，厚 5 厘米。誌文行書 3 行 27 字。
卒葬時間： 北宋（960—1127）某年七月二十一日葬。
文獻著録： 三門峽市文物工作隊編《北宋陜州漏澤園》，文物出版社，1999 年版，第 290 頁；胡海帆、湯燕編《中國古代磚刻銘文集》，文物出版社，2008 年版，上册第 423 頁、下册第 294 頁。
出土情況： 1985 年至 1994 年間河南省三門峽市上村嶺向陽村出土。

録文： 甲子納。貧子[1]抬舁到絳州//百姓張明，七月二十一日收管，//當日葬埋訖。

[1] 此處漏刻“院”字。

張明墓記磚（甲子納字號，第二種） 北宋（960—1127）某年七月二十一日

名稱： 張明墓記磚（甲子納字號，第二種）
文獻形態： 墓磚長、寬均 30 厘米，厚 5 厘米。誌文行書 3 行 28 字。
卒葬時間： 北宋（960—1127）某年七月二十一日葬。
文獻著録： 三門峽市文物工作隊編《北宋陝州漏澤園》，文物出版社，1999 年版，第 291 頁；胡海帆、湯燕編《中國古代磚刻銘文集》，文物出版社，2008 年版，上册第 423 頁、下册第 294 頁。
出土情況： 1985 年至 1994 年間河南省三門峽市上村嶺向陽村出土。

録文： 甲子納。貧子院抬舁到//絳州百姓張明，七月二十一日//收管，當日葬埋訖。

無名氏軍人墓記磚（甲子陛字號，第一種） 北宋（960—1127）某年七月二十四日

名稱： 無名氏軍人墓記磚（甲子陛字號，第一種）
文獻形態： 墓磚長、寬均 30.5 厘米，厚 5 厘米。誌文行書 5 行 41 字。
卒葬時間： 北宋（960—1127）某年七月二十四日葬。
文獻著録： 三門峽市文物工作隊編《北宋陝州漏澤園》，文物出版社，1999 年版，第 292 頁；胡海帆、湯燕編《中國古代磚刻銘文集》，文物出版社，2008 年版，上册第 423 頁、下册第 294—295 頁。
出土情況： 1985 年至 1994 年間河南省三門峽市上村嶺向陽村出土。

録文： 甲子陛。靈寶縣尉頭//子抬舁到趙上保后土//社身死不知姓名軍人，//七月二十四日撿驗了當，//當日葬埋訖。

無名氏軍人墓記磚（甲子陛字號，第二種） 北宋（960—1127）某年七月二十四日

名稱：無名氏軍人墓記磚（甲子陛字號，第二種）
文獻形態：墓磚長 31 厘米，寬 30 厘米，厚 5 厘米。誌文行書 5 行 41 字。
卒葬時間：北宋（960—1127）某年七月二十四日葬。
文獻著録：三門峽市文物工作隊編《北宋陝州漏澤園》，文物出版社，1999 年版，第 293 頁；胡海帆、湯燕編《中國古代磚刻銘文集》，文物出版社，2008 年版，上册第 423 頁、下册第 295 頁。
出土情況：1985 年至 1994 年間河南省三門峽市上村嶺向陽村出土。

録文：甲子陛。靈寶縣尉頭子∥抬舁到趙上保后土社∥身死不知姓名軍人，七∥月二十四日撿驗了當，當∥日葬埋訖。

阿張墓記磚 北宋（960—1127）某年七月二十六日

名稱：阿張墓記磚（甲子弁字號）
文獻形態：墓磚長 31.5 厘米，寬 30 厘米，厚 5 厘米。誌文行書 4 行 34 字。
卒葬時間：北宋（960—1127）某年七月二十六日葬。
文獻著録：三門峽市文物工作隊編《北宋陝州漏澤園》，文物出版社，1999 年版，第 294 頁；胡海帆、湯燕編《中國古代磚刻銘文集》，文物出版社，2008 年版，上册第 424 頁、下册第 295 頁。
出土情況：1985 年至 1994 年間河南省三門峽市上村嶺向陽村出土。

録文：甲子弁。使衙判送［下缺］∥安濟坊狀，抬舁到婦人∥二十一阿張，七月二十六日收∥管，當日葬埋訖。

馮貴墓記磚（甲子籍字號，第一種） 北宋（960—1127）某年七月二十九日

名稱：馮貴墓記磚（甲子籍字號，第一種）
文獻形態：墓磚長30.5厘米，寬30厘米，厚5厘米。誌文行書3行30字。
卒葬時間：北宋（960—1127）某年七月二十九日葬。
文獻著録：三門峽市文物工作隊編《北宋陝州漏澤園》，文物出版社，1999年版，第218頁；胡海帆、湯燕編《中國古代磚刻銘文集》，文物出版社，2008年版，上册第405頁、下册第280頁。
出土情況：1985年至1994年間河南省三門峽市上村嶺向陽村出土。

録文：甲子籍字號。廣勇右三指//揮軍人馮貴，七月二十九日//撿驗了當，當日葬埋訖。

馮貴墓記磚（甲子籍字號，第二種） 北宋（960—1127）某年七月二十九日

名稱：馮貴墓記磚（甲子籍字號，第二種）
文獻形態：墓磚長、寬均31厘米，厚5厘米。誌文行書4行30字。
卒葬時間：北宋（960—1127）某年七月二十九日葬。
文獻著録：三門峽市文物工作隊編《北宋陝州漏澤園》，文物出版社，1999年版，第219頁；胡海帆、湯燕編《中國古代磚刻銘文集》，文物出版社，2008年版，上册第405頁、下册第280—281頁。
出土情況：1985年至1994年間河南省三門峽市上村嶺向陽村出土。

録文：甲子籍字號。廣勇右三//指揮軍人馮貴，七月二十//九日撿驗了當，當日葬//埋訖。

陳進妻阿趙墓記磚　北宋（960—1127）某年七月二十九日

名稱：陳進妻阿趙墓記磚（男字號）
文獻形態：墓磚長 31 厘米，寬 30.5 厘米，厚 5 厘米。誌文行書 6 行 59 字。
卒葬時間：北宋（960—1127）某年七月二十九日葬。
文獻著録：三門峽市文物工作隊編《北宋陝州漏澤園》，文物出版社，1999 年版，第 170 頁；胡海帆、湯燕編《中國古代磚刻銘文集》，文物出版社，2008 年版，上册第 394 頁、下册第 272 頁。
出土情況：1985 年至 1994 年間河南省三門峽市上村嶺向陽村出土。

録文：男字號。本府保捷弟十//五指揮兵士陳進妻阿趙，//係虢州磕底村人事，年約//三十四五歲，七月二十八日撿驗//了當，七月二十九日依//條立峰，葬埋記識訖。

無名氏軍人墓記磚（守字號）　北宋（960—1127）某年八月五日

名稱：無名氏軍人墓記磚（守字號）
文獻形態：墓磚長 31 厘米，寬 30.5 厘米，厚 5 厘米。誌文行書 5 行 49 字。
卒葬時間：北宋（960—1127）某年八月五日葬。
文獻著録：三門峽市文物工作隊編《北宋陝州漏澤園》，文物出版社，1999 年版，第 171 頁；胡海帆、湯燕編《中國古代磚刻銘文集》，文物出版社，2008 年版，上册第 394 頁、下册第 272 頁。
出土情況：1985 年至 1994 年間河南省三門峽市上村嶺向陽村出土。

録文：守字號。不知姓名軍人，年約//三十四五歲，於三里澗南官//道内身死，八月初四日撿驗//了當，八月初五日依//條立峰，葬埋記識訖。

楊乂墓記磚（甲子甚字號，第一種） 北宋（960—1127）某年八月十日

名稱：楊乂墓記磚（甲子甚字號，第一種）
文獻形態：墓磚長、寬均 31 厘米，厚 4.5 厘米。誌文行書 3 行 24 字。
卒葬時間：北宋（960—1127）某年八月十日葬。
文獻著録：三門峽市文物工作隊編《北宋陝州漏澤園》，文物出版社，1999 年版，第 220 頁；胡海帆、湯燕編《中國古代磚刻銘文集》，文物出版社，2008 年版，上册第 405 頁、下册第 281 頁。
出土情況：1985 年至 1994 年間河南省三門峽市上村嶺向陽村出土。

録文：甲子甚字號。院子高乂//抬到同州百姓楊乂，八月//十日葬埋記。

楊乂墓記磚（甲子甚字號，第二種） 北宋（960—1127）某年八月十日

名稱：楊乂墓記磚（甲子甚字號，第二種）
文獻形態：墓磚長、寬均 31 厘米，厚 4.5 厘米。誌文行書 3 行 24 字。
卒葬時間：北宋（960—1127）某年八月十日葬。
文獻著録：三門峽市文物工作隊編《北宋陝州漏澤園》，文物出版社，1999 年版，第 221 頁；胡海帆、湯燕編《中國古代磚刻銘文集》，文物出版社，2008 年版，上册第 405 頁、下册第 281 頁。
出土情況：1985 年至 1994 年間河南省三門峽市上村嶺向陽村出土。

録文：甲子甚字號。院子高乂//抬到同州百姓楊乂，八月//十日葬埋訖。

韓三墓記磚　北宋（960—1127）某年八月十日

名稱： 韓三墓記磚（甲子無字號）
文獻形態： 墓磚長 31 厘米，寬 30.5 厘米，厚 5 厘米。誌文行書 3 行 23 字。
卒葬時間： 北宋（960—1127）某年八月十日葬。
文獻著録： 三門峽市文物工作隊編《北宋陝州漏澤園》，文物出版社，1999 年版，第 222 頁；胡海帆、湯燕編《中國古代磚刻銘文集》，文物出版社，2008 年版，上册第 406 頁、下册第 281 頁。
出土情況： 1985 年至 1994 年間河南省三門峽市上村嶺向陽村出土。

録文： 甲子無字號。安濟坊//抬到解州百姓韓三，//八月十日葬埋訖。

田閏墓記磚　北宋（960—1127）某年八月十一日

名稱： 田閏墓記磚（知字號）
文獻形態： 墓磚長、寬均 31 厘米，厚 5 厘米。誌文行書 6 行 49 字。
卒葬時間： 北宋（960—1127）某年八月十一日葬。
文獻著録： 三門峽市文物工作隊編《北宋陝州漏澤園》，文物出版社，1999 年版，第 172 頁；胡海帆、湯燕編《中國古代磚刻銘文集》，文物出版社，2008 年版，上册第 395 頁、下册第 272 頁。
出土情況： 1985 年至 1994 年間河南省三門峽市上村嶺向陽村出土。

録文： 知字號。東京雍丘縣武//騎弟十二指揮軍員田//閏，年約五十一二歲，八月初//十日撿驗了當，八月十一日//依//條立峰，葬埋記識訖。

大阿王墓記磚　北宋（960—1127）某年□月十一日

名稱： 大阿王墓記磚（閔字號）

文獻形態： 墓磚長 28 厘米，寬 14 厘米，厚 4.5 厘米。誌文行書 3 行殘存 20 字。

卒葬時間： 北宋（960—1127）某年□月十一日葬。

文獻著録： 三門峽市文物工作隊編《北宋陝州漏澤園》，文物出版社，1999 年版，第 173 頁；胡海帆、湯燕編《中國古代磚刻銘文集》，文物出版社，2008 年版，上册第 395 頁、下册第 272—273 頁。

出土情況： 1985 年至 1994 年間河南省三門峽市上村嶺向陽村出土。

録文： 閔字號。本府永定厢［下缺］//大阿王，年約七十［下缺］//月十三日撿［下缺］。

周立墓記磚　北宋（960—1127）某年八月十八日

名稱： 周立墓記磚（甲子烹字號）

文獻形態： 墓磚長 32.5 厘米，寬 16 厘米，厚 5 厘米。誌文行書 2 行 21 字。

卒葬時間： 北宋（960—1127）某年八月十八日葬。

文獻著録： 三門峽市文物工作隊編《北宋陝州漏澤園》，文物出版社，1999 年版，第 319 頁；胡海帆、湯燕編《中國古代磚刻銘文集》，文物出版社，2008 年版，上册第 429 頁、下册第 299 頁。

出土情況： 河南省三門峽市上村嶺向陽村出土。采集品，出土時間不詳。

録文： 甲子烹。本縣安濟坊狀，抬//到兵士周立，八月十八日收葬。

壬午卅六字號墓磚　北宋（960—1127）某年八月二十三日

名稱：壬午卅六字號墓磚
文獻形態：墓磚長、寬均31厘米，厚7厘米。誌文正書殘存4行13字。
卒葬時間：北宋（960—1127）某年八月二十三日葬。
文獻著録：賀官保《西京洛陽漏澤園墓磚》，文物編輯委員會編《文物資料叢刊》第7集，文物出版社，1983年版，第153頁。
出土情況：河南省洛陽市出土。

録文：壬午卅六字號。//渭州［下缺］//［上缺］史貴［下缺］//［上缺］年八月廿三。

李進墓記磚　北宋（960—1127）某年閏八月八日

名稱：李進墓記磚（甲子戚字號）
文獻形態：墓磚長32厘米，寬15.5厘米，厚5厘米。誌文行書3行21字。
卒葬時間：北宋（960—1127）某年閏八月八日葬。
文獻著録：三門峽市文物工作隊編《北宋陝州漏澤園》，文物出版社，1999年版，第320頁；胡海帆、湯燕編《中國古代磚刻銘文集》，文物出版社，2008年版，上册第429頁、下册第299頁。
出土情況：河南省三門峽市上村嶺向陽村出土。采集品，出土時間不詳。

録文：甲子戚。陜縣安濟坊//舁到百姓李進，潤//八月八日葬記。

壬午卅六字號墓磚

胡方墓記磚　北宋（960—1127）某年閏八月八日

名稱： 胡方墓記磚
文獻形態： 墓磚長 32 厘米，寬 15.5 厘米，厚 5 厘米。誌文行書 3 行 22 字，磚右上角缺。
卒葬時間： 北宋（960—1127）某年閏八月八日葬。
文獻著録： 三門峽市文物工作隊編《北宋陝州漏澤園》，文物出版社，1999 年版，第 321 頁；胡海帆、湯燕編《中國古代磚刻銘文集》，文物出版社，2008 年版，上册第 429 頁、下册第 299 頁。
出土情況： 河南省三門峽市上村嶺向陽村出土。采集品，出土時間不詳。

録文： □子老。鄆州武衛八十//□指揮軍人胡方，□八月//初十日葬訖。

何方墓記磚　北宋（960—1127）某年閏八月十一日

名稱： 何方墓記磚（甲子少字號）
文獻形態： 墓磚長 30.5 厘米，寬 15 厘米，厚 5.5 厘米。誌文行書 3 行 21 字。
卒葬時間： 北宋（960—1127）某年閏八月十一日葬。
文獻著録： 三門峽市文物工作隊編《北宋陝州漏澤園》，文物出版社，1999 年版，第 322 頁；胡海帆、湯燕編《中國古代磚刻銘文集》，文物出版社，2008 年版，上册第 429 頁、下册第 299 頁。
出土情況： 河南省三門峽市上村嶺向陽村出土。采集品，出土時間不詳。

録文： 甲子少。司户頭子//抬到配軍何方，潤八//月十一日葬訖。

無名氏百姓墓記磚（甲子政字號，第一種） 北宋（960—1127）某年九月十三日

名稱： 無名氏百姓墓記磚（甲子政字號，第一種）
文獻形態： 墓磚長 24 厘米，寬 20 厘米，厚 3.5 厘米。誌文行書 4 行 24 字。
卒葬時間： 北宋（960—1127）某年九月十三日葬。
文獻著録： 三門峽市文物工作隊編《北宋陜州漏澤園》，文物出版社，1999 年版，第 223 頁；胡海帆、湯燕編《中國古代磚刻銘文集》，文物出版社，2008 年版，上册第 406 頁、下册第 281 頁。
出土情况： 1985 年至 1994 年間河南省三門峽市上村嶺向陽村出土。

録文： 甲子政字號。永定//厢身死不知姓名//百姓，九月十三日葬//埋訖。

無名氏百姓墓記磚（甲子政字號，第二種） 北宋（960—1127）某年九月十三日

名稱： 無名氏百姓墓記磚（甲子政字號，第二種）
文獻形態： 墓磚長 24 厘米，寬 20 厘米，厚 3.5 厘米。誌文行書 4 行 24 字。
卒葬時間： 北宋（960—1127）某年九月十三日葬。
文獻著録： 三門峽市文物工作隊編《北宋陜州漏澤園》，文物出版社，1999 年版，第 224 頁；胡海帆、湯燕編《中國古代磚刻銘文集》，文物出版社，2008 年版，上册第 406 頁、下册第 281 頁。
出土情况： 1985 年至 1994 年間河南省三門峽市上村嶺向陽村出土。

録文： 甲子政字號。永定厢//身死不知姓名百//姓，九月十三日葬//埋訖。

翟政墓記磚　北宋（960—1127）某年九月二十日

名稱：翟政墓記磚（談字號）
文獻形態：墓磚長 31 厘米，寬 30 厘米，厚 5 厘米。誌文行書 5 行 46 字。
卒葬時間：北宋（960—1127）某年九月二十日葬。
文獻著録：三門峽市文物工作隊編《北宋陝州漏澤園》，文物出版社，1999 年版，第 174 頁；胡海帆、湯燕編《中國古代磚刻銘文集》，文物出版社，2008 年版，上册第 395 頁、下册第 273 頁。
出土情況：1985 年至 1994 年間河南省三門峽市上村嶺向陽村出土。

録文：談字號。本府三門西山河//匠指揮兵士翟政，年約八十//一二歲，九月十九日撿驗了當，//九月二十日依//條立峰，葬記識訖。

劉先墓記磚（甲子以字號，第一種）　北宋（960—1127）某年九月二十八日

名稱：劉先墓記磚（甲子以字號，第一種）
文獻形態：墓磚長 26 厘米，寬 20 厘米，厚 3.5 厘米。誌文行書 4 行 25 字。
卒葬時間：北宋（960—1127）某年九月二十八日葬。
文獻著録：三門峽市文物工作隊編《北宋陝州漏澤園》，文物出版社，1999 年版，第 225 頁；胡海帆、湯燕編《中國古代磚刻銘文集》，文物出版社，2008 年版，上册第 406 頁、下册第 281—282 頁。
出土情況：1985 年至 1994 年間河南省三門峽市上村嶺向陽村出土。

録文：甲子以字號。靈寶//主簿抬到軍人劉//先，九月二十八日葬//埋訖。

劉先墓記磚（甲子以字號，第二種） 北宋（960—1127）某年九月二十八日

名稱：劉先墓記磚（甲子以字號，第二種）
文獻形態：墓磚長 26.5 厘米，寬 20.8 厘米，厚 3.8 厘米。誌文行書 4 行 24 字。
卒葬時間：北宋（960—1127）某年九月二十八日葬。
文獻著録：三門峽市文物工作隊編《北宋陝州漏澤園》，文物出版社，1999 年版，第 226 頁；胡海帆、湯燕編《中國古代磚刻銘文集》，文物出版社，2008 年版，上册第 407 頁、下册第 282 頁。
出土情況：1985 年至 1994 年間河南省三門峽市上村嶺向陽村出土。

録文：甲子以字號。靈寶//主簿抬到軍人劉//先，九月二十八日葬//埋訖。

無名氏軍人墓記磚（靡字號，第一種） 北宋（960—1127）某年九月二十九日

名稱：無名氏軍人墓記磚（靡字號，第一種）
文獻形態：墓磚長 31 厘米，寬 30 厘米，厚 5 厘米。誌文行書 5 行 46 字。
卒葬時間：北宋（960—1127）某年九月二十九日葬。
文獻著録：三門峽市文物工作隊編《北宋陝州漏澤園》，文物出版社，1999 年版，第 175 頁；胡海帆、湯燕編《中國古代磚刻銘文集》，文物出版社，2008 年版，上册第 395 頁、下册第 273 頁。
出土情況：1985 年至 1994 年間河南省三門峽市上村嶺向陽村出土。

録文：靡字號。七里社身死不知//姓名軍人，年約二十四五歲，//九月二十八日撿驗了當，九//月二十九日依//條立峰，葬埋記識訖。

無名氏軍人墓記磚（靡字號，第二種） 北宋（960—1127）某年九月二十九日

名稱：無名氏軍人墓記磚（靡字號，第二種）
文獻形態：墓磚長 31 厘米，寬 30 厘米，厚 5 厘米。誌文行書 5 行 46 字。
卒葬時間：北宋（960—1127）某年九月二十九日葬。
文獻著録：三門峽市文物工作隊編《北宋陝州漏澤園》，文物出版社，1999 年版，第 176 頁；胡海帆、湯燕編《中國古代磚刻銘文集》，文物出版社，2008 年版，上册第 396 頁、下册第 273 頁。
出土情況：1985 年至 1994 年間河南省三門峽市上村嶺向陽村出土。

録文：靡字號。七里社身死不知姓//名軍人，年約二十四五歲，九//月二十八日撿驗了當，九月//二十九日依//條立峰，葬埋記識訖。

阿許墓記磚 北宋（960—1127）某年十月二日

名稱：阿許墓記磚（甲子甘字號）
文獻形態：墓磚長 31.5 厘米，寬 15.5 厘米，厚 5 厘米。誌文行書 3 行 19 字。
卒葬時間：北宋（960—1127）某年十月二日葬。
文獻著録：三門峽市文物工作隊編《北宋陝州漏澤園》，文物出版社，1999 年版，第 227 頁、胡海帆，湯燕編《中國古代磚刻銘文集》，文物出版社，2008 年版，上册第 407 頁、下册第 282 頁。
出土情況：1985 年至 1994 年間河南省三門峽市上村嶺向陽村出土。

録文：甲子甘。安濟坊抬到//寡婦阿許，十月二日葬//埋訖。

夏小六墓記磚（甲子棠字號，第一種） 北宋（960—1127）某年十月四日

名稱： 夏小六墓記磚（甲子棠字號，第一種）
文獻形態： 墓磚長 26.5 厘米，寬 20 厘米，厚 3.5 厘米。誌文行書 4 行 26 字。
卒葬時間： 北宋（960—1127）某年十月四日葬。
文獻著録： 三門峽市文物工作隊編《北宋陝州漏澤園》，文物出版社，1999 年版，第 228 頁；胡海帆、湯燕編《中國古代磚刻銘文集》，文物出版社，2008 年版，上册第 407 頁、下册第 282 頁。
出土情況： 1985 年至 1994 年間河南省三門峽市上村嶺向陽村出土。

録文： 甲子棠字號。蘇州//軍人夏小六，十月初四//日撿驗了當，當日葬//埋訖。

夏小六墓記磚（甲子棠字號，第二種） 北宋（960—1127）某年十月四日

名稱： 夏小六墓記磚（甲子棠字號，第二種）
文獻形態： 墓磚長 26.5 厘米，寬 20 厘米，厚 3.5 厘米。誌文行書 3 行 26 字。
卒葬時間： 北宋（960—1127）某年十月四日葬。
文獻著録： 三門峽市文物工作隊編《北宋陝州漏澤園》，文物出版社，1999 年版，第 229 頁；胡海帆、湯燕編《中國古代磚刻銘文集》，文物出版社，2008 年版，上册第 407 頁、下册第 282 頁。
出土情況： 1985 年至 1994 年間河南省三門峽市上村嶺向陽村出土。

録文： 甲子棠字號。蘇州//軍人夏小六，十月初四日撿//驗了當，當日葬埋訖。

趙吉墓記磚　北宋（960—1127）某年十月四日

名稱：趙吉墓記磚（甲子去字號）
文獻形態：墓磚長 26 厘米，寬 20.7 厘米，厚 3.7 厘米。誌文行書 3 行 21 字。
卒葬時間：北宋（960—1127）某年十月四日葬。
文獻著録：三門峽市文物工作隊編《北宋陝州漏澤園》，文物出版社，1999 年版，第 230 頁；胡海帆、湯燕編《中國古代磚刻銘文集》，文物出版社，2008 年版，上册第 408 頁、下册第 282—283 頁。
出土情況：1985 年至 1994 年間河南省三門峽市上村嶺向陽村出土。

録文：甲子去字號。東門遞∥鋪軍賊人趙吉，十月∥七日葬埋訖。

梁支墓記磚　北宋（960—1127）某年十月六日

名稱：梁支墓記磚（黑字號）
文獻形態：墓磚長 30 厘米，寬 30.5 厘米，厚 5 厘米。誌文行書 5 行 43 字。
卒葬時間：北宋（960—1127）某年十月六日葬。
文獻著録：三門峽市文物工作隊編《北宋陝州漏澤園》，文物出版社，1999 年版，第 180 頁；胡海帆、湯燕編《中國古代磚刻銘文集》，文物出版社，2008 年版，上册第 397 頁、下册第 274 頁。
出土情況：1985 年至 1994 年間河南省三門峽市上村嶺向陽村出土。

録文：黑字號。東京虎翼指∥揮軍人梁支，年約三十一二∥歲，十月初五日撿驗了當，∥十月初六日依∥條立峰，葬埋記識訖。

無名氏墓碑　北宋（960—1127）某年十月八日

名稱： 無名氏墓碑
文獻形態： 墓磚長、寬均 31 厘米，厚 7 厘米。誌文正書殘存 4 行 11 字。
卒葬時間： 北宋（960—1127）某年十月八日葬。
文獻著録： 賀官保《西京洛陽漏澤園墓磚》，文物編輯委員會編《文物資料叢刊》第 7 集，文物出版社，1983 年版，第 154 頁。
出土情況： 河南省洛陽市出土。

録文：［上缺］字號。//［上缺］到一名//［上缺］尸首。//［上缺］五年十月八。

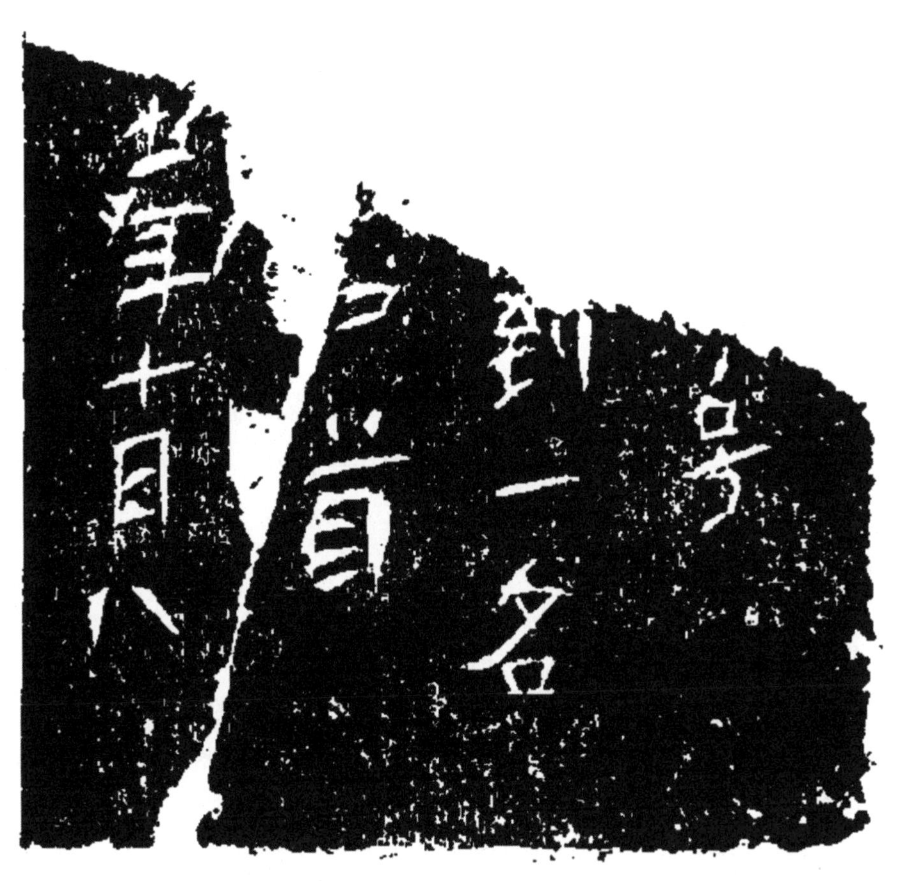

無名氏墓碑

庾昌墓記磚（甲子而字號，第一種） 北宋（960—1127）某年十月九日

名稱： 庾昌墓記磚（甲子而字號，第一種）
文獻形態： 墓磚長、寬均 30 厘米，厚 5 厘米。誌文行書 4 行 28 字。
卒葬時間： 北宋（960—1127）某年十月九日葬。
文獻著録： 三門峽市文物工作隊編《北宋陝州漏澤園》，文物出版社，1999 年版，第 231 頁；胡海帆、湯燕編《中國古代磚刻銘文集》，文物出版社，2008 年版，上册第 408 頁、下册第 283 頁。
出土情況： 1985 年至 1994 年間河南省三門峽市上村嶺向陽村出土。

録文： 甲子而字號。南新店//遞鋪軍人庾昌，十月//初九日撿驗了當，//當日葬埋訖。

庾昌墓記磚（甲子而字號，第二種） 北宋（960—1127）某年十月九日

名稱： 庾昌墓記磚（甲子而字號，第二種）
文獻形態： 墓磚長 30 厘米，寬 15 厘米，厚 5 厘米。誌文行書 3 行 27 字。
卒葬時間： 北宋（960—1127）某年十月九日葬。
文獻著録： 三門峽市文物工作隊編《北宋陝州漏澤園》，文物出版社，1999 年版，第 232 頁；胡海帆、湯燕編《中國古代磚刻銘文集》，文物出版社，2008 年版，上册第 408 頁、下册第 283 頁。
出土情況： 1985 年至 1994 年間河南省三門峽市上村嶺向陽村出土。

録文： 甲子而字號。南新店遞鋪//軍人庾昌，十月//初九日撿//驗了當，當日葬埋訖。

庾昌墓記磚（甲子而字號，第三種） 北宋（960—1127）某年十月九日

名稱：庾昌墓記磚（甲子而字號，第三種）
文獻形態：墓磚長 23 厘米，寬 15.5 厘米，厚 5 厘米。誌文行書 3 行殘存 11 字。
卒葬時間：北宋（960—1127）某年十月九日葬。
文獻著録：三門峽市文物工作隊編《北宋陝州漏澤園》，文物出版社，1999 年版，第 233 頁；胡海帆、湯燕編《中國古代磚刻銘文集》，文物出版社，2008 年版，上册第 408 頁、下册第 283 頁。
出土情况：河南省三門峽市上村嶺向陽村出土。采集品，出土時間不詳。

録文：□司法頭子抬//［下缺］庾昌，十月九//［下缺］訖。

王乂墓記磚 北宋（960—1127）某年十月十三日

名稱：王乂墓記磚（甲子咏字號）
文獻形態：墓磚長 32 厘米，寬 15.5 厘米，厚 5 厘米。誌文行書 3 行 23 字。
卒葬時間：北宋（960—1127）某年十月十三日葬。
文獻著録：三門峽市文物工作隊編《北宋陝州漏澤園》，文物出版社，1999 年版，第 234 頁；胡海帆、湯燕編《中國古代磚刻銘文集》，文物出版社，2008 年版，上册第 409 頁、下册第 283 頁。
出土情况：河南省三門峽市上村嶺向陽村出土。采集品，出土時間不詳。

録文：甲子咏。使衙判送下安//濟坊身死王乂，十月十三//日葬埋訖。

蘇連安墓記磚　北宋（960—1127）某年十月十三日

名稱： 蘇連安墓記磚（甲子樂字號）
文獻形態： 墓磚長 30 厘米，寬 30.5 厘米，厚 5 厘米。誌文行書 3 行 22 字。
卒葬時間： 北宋（960—1127）某年十月十三日葬。
文獻著録： 三門峽市文物工作隊編《北宋陝州漏澤園》，文物出版社，1999 年版，第 235 頁；胡海帆、湯燕編《中國古代磚刻銘文集》，文物出版社，2008 年版，上册第 409 頁、下册第 283 頁。
出土情況： 1985 年至 1994 年間河南省三門峽市上村嶺向陽村出土。

録文： 甲子樂字號。軍人蘇//連安係蘇州人，十月十//三日葬埋訖。

無名氏軍人墓記磚（巳字號）　北宋（960—1127）某年十月十六日

名稱： 無名氏軍人墓記磚（巳字號）
文獻形態： 墓磚長 31 厘米，寬 31.5 厘米，厚 5 厘米。誌文行書 3 行 23 字。
卒葬時間： 北宋（960—1127）某年十月十六日葬。
文獻著録： 三門峽市文物工作隊編《北宋陝州漏澤園》，文物出版社，1999 年版，第 177 頁；胡海帆、湯燕編《中國古代磚刻銘文集》，文物出版社，2008 年版，上册第 396 頁、下册第 273 頁。
出土情況： 1985 年至 1994 年間河南省三門峽市上村嶺向陽村出土。

録文： 巳字號。不知姓軍人，//十月十五日撿驗了//當，十六日葬埋記。

周小二墓記磚（甲子殊字號，第一種） 北宋（960—1127）某年十月二十一日

名稱： 周小二墓記磚（甲子殊字號，第一種）
文獻形態： 墓磚長 30.5 厘米，寬 30 厘米，厚 5 厘米。誌文行書 3 行 22 字。
卒葬時間： 北宋（960—1127）某年十月二十一日葬。
文獻著録： 三門峽市文物工作隊編《北宋陝州漏澤園》，文物出版社，1999 年版，第 236 頁；胡海帆、湯燕編《中國古代磚刻銘文集》，文物出版社，2008 年版，上册第 409 頁、下册第 284 頁。
出土情況： 1985 年至 1994 年間河南省三門峽市上村嶺向陽村出土。

録文： 甲子殊字號。軍人周小[1]∥係蘇州人，十月二十一日∥葬埋訖。

[1] 此墓記磚有兩塊，據同爲甲子殊字號的第二種磚銘，此處漏刻“二”字。

周小二墓記磚（甲子殊字號，第二種） 北宋（960—1127）某年十月二十一日

名稱： 周小二墓記磚（甲子殊字號，第二種）
文獻形態： 墓磚長 30 厘米，寬 30.5 厘米，厚 5 厘米。誌文行書 3 行 23 字。
卒葬時間： 北宋（960—1127）某年十月二十一日葬。
文獻著録： 三門峽市文物工作隊編《北宋陝州漏澤園》，文物出版社，1999 年版，第 237 頁；胡海帆、湯燕編《中國古代磚刻銘文集》，文物出版社，2008 年版，上册第 409 頁、下册第 284 頁。
出土情況： 1985 年至 1994 年間河南省三門峽市上村嶺向陽村出土。

録文： 甲子殊字號。軍人周∥小二係蘇州人，十月二∥十一日葬埋訖。

無名氏婦人墓記磚（器字號） 北宋（960—1127）某年十月二十四日

名稱：無名氏婦人墓記磚（器字號）
文獻形態：墓磚長 30 厘米，寬 31 厘米，厚 4.5 厘米。誌文行書 5 行 45 字。
卒葬時間：北宋（960—1127）某年十月二十四日葬。
文獻著録：三門峽市文物工作隊編《北宋陝州漏澤園》，文物出版社，1999 年版，第 178 頁；胡海帆、湯燕編《中國古代磚刻銘文集》，文物出版社，2008 年版，上册第 396 頁、下册第 273—274 頁。
出土情況：1985 年至 1994 年間河南省三門峽市上村嶺向陽村出土。

録文：器字號。不知姓氏婦人，年約//□十八九歲，左厢寒凍身死，//□月二十三日撿驗了當，十月//□十四日依//條立峰，葬埋記識訖。

無名氏軍人墓記磚（難字號） 北宋（960—1127）某年十月二十五日

名稱：無名氏軍人墓記磚（難字號）
文獻形態：墓磚長 31.5 厘米，寬 30 厘米，厚 5 厘米。誌文行書 5 行 46 字。
卒葬時間：北宋（960—1127）某年十月二十五日葬。
文獻著録：三門峽市文物工作隊編《北宋陝州漏澤園》，文物出版社，1999 年版，第 179 頁；胡海帆、湯燕編《中國古代磚刻銘文集》，文物出版社，2008 年版，上册第 396 頁、下册第 274 頁。
出土情況：1985 年至 1994 年間河南省三門峽市上村嶺向陽村出土。

録文：難字號。城南厢身死不//知姓名軍人，年約三十一二//歲，十月二十四日撿驗了//當，十月二十五日依//條立峰，葬埋記識訖。

何貴墓記磚（甲子貴字號，第一種） 北宋（960—1127）某年閏十月二日

名稱：何貴墓記磚（甲子貴字號，第一種）
文獻形態：墓磚長 24 厘米，寬 18 厘米，厚 3 厘米。誌文行書 4 行 26 字。
卒葬時間：北宋（960—1127）某年閏十月二日葬。
文獻著録：三門峽市文物工作隊編《北宋陝州漏澤園》，文物出版社，1999 年版，第 238 頁；胡海帆、湯燕編《中國古代磚刻銘文集》，文物出版社，2008 年版，上册第 410 頁、下册第 284 頁。
出土情況：1985 年至 1994 年間河南省三門峽市上村嶺向陽村出土。

録文：甲子貴字號。軍人何//貴係新安縣崛山//遞鋪，閏十月初二日//葬埋訖。

何貴墓記磚（甲子貴字號，第二種） 北宋（960—1127）某年閏十月二日

名稱：何貴墓記磚（甲子貴字號，第二種）
文獻形態：墓磚長 24 厘米，寬 18 厘米，厚 3 厘米。誌文行書 4 行 26 字。
卒葬時間：北宋（960—1127）某年閏十月二日葬。
文獻著録：三門峽市文物工作隊編《北宋陝州漏澤園》，文物出版社，1999 年版，第 239 頁；胡海帆、湯燕編《中國古代磚刻銘文集》，文物出版社，2008 年版，上册第 410 頁、下册第 284 頁。
出土情況：1985 年至 1994 年間河南省三門峽市上村嶺向陽村出土。

録文：甲子貴字號。軍人何//貴，係新安縣崛山//遞鋪，閏十月初二日//葬埋訖。

嚴志墓記磚（甲子賤字號，第一種） 北宋（960—1127）某年閏十月三日

名稱：嚴志墓記磚（甲子賤字號，第一種）
文獻形態：墓磚長 24 厘米，寬 17.5 厘米，厚 3 厘米。誌文行書 3 行 21 字。
卒葬時間：北宋（960—1127）某年閏十月三日葬。
文獻著録：三門峽市文物工作隊編《北宋陝州漏澤園》，文物出版社，1999 年版，第 240 頁；胡海帆、湯燕編《中國古代磚刻銘文集》，文物出版社，2008 年版，上册第 410 頁、下册第 284 頁。
出土情況：1985 年至 1994 年間河南省三門峽市上村嶺向陽村出土。

録文：甲子賤字號。高郵軍//配軍嚴志，閏十月//初三日葬埋訖。

嚴志墓記磚（甲子賤字號，第二種） 北宋（960—1127）某年閏十月三日

名稱：嚴志墓記磚（甲子賤字號，第二種）
文獻形態：墓磚長 23.5 厘米，寬 17.5 厘米，厚 3 厘米。誌文行書 3 行 21 字。
卒葬時間：北宋（960—1127）某年閏十月三日葬。
文獻著録：三門峽市文物工作隊編《北宋陝州漏澤園》，文物出版社，1999 年版，第 241 頁；胡海帆、湯燕編《中國古代磚刻銘文集》，文物出版社，2008 年版，上册第 410 頁、下册第 284—285 頁。
出土情況：1985 年至 1994 年間河南省三門峽市上村嶺向陽村出土。

録文：甲子賤字號。高郵//軍配軍嚴志，閏//十月初三日葬埋訖。

阿姚墓記磚（甲子別字號，第一種） 北宋（960—1127）某年閏十月五日

名稱： 阿姚墓記磚（甲子別字號，第一種）
文獻形態： 墓磚長24厘米，寬18厘米，厚3厘米。誌文行書3行21字。
卒葬時間： 北宋（960—1127）某年閏十月五日葬。
文獻著録： 三門峽市文物工作隊編《北宋陝州漏澤園》，文物出版社，1999年版，第242頁；胡海帆、湯燕編《中國古代磚刻銘文集》，文物出版社，2008年版，上册第411頁、下册第285頁。
出土情況： 1985年至1994年間河南省三門峽市上村嶺向陽村出土。

録文： 甲子別字號。寡婦//阿姚，係同州人，閏十//月五日葬埋訖。

阿姚墓記磚（甲子別字號，第二種） 北宋（960—1127）某年閏十月五日

名稱： 阿姚墓記磚（甲子別字號，第二種）
文獻形態： 墓磚長23.5厘米，寬17.5厘米，厚3厘米。誌文行書3行21字。
卒葬時間： 北宋（960—1127）某年閏十月五日葬。
文獻著録： 三門峽市文物工作隊編《北宋陝州漏澤園》，文物出版社，1999年版，第243頁；胡海帆、湯燕編《中國古代磚刻銘文集》，文物出版社，2008年版，上册第411頁、下册第285頁。
出土情況： 1985年至1994年間河南省三門峽市上村嶺向陽村出土。

録文： 甲子別字號。寡婦//阿姚，係同州人，閏//十月五日葬埋訖。

丁德墓記磚（甲子尊字號，第一種） 北宋（960—1127）某年閏十月五日

名稱：丁德墓記磚（甲子尊字號，第一種）
文獻形態：墓磚長 24 厘米，寬 17.5 厘米，厚 3 厘米。誌文行書 4 行 24 字。
卒葬時間：北宋（960—1127）某年閏十月五日葬。
文獻著録：三門峽市文物工作隊編《北宋陝州漏澤園》，文物出版社，1999 年版，第 244 頁；胡海帆、湯燕編《中國古代磚刻銘文集》，文物出版社，2008 年版，上册第 411 頁、下册第 285 頁。
出土情況：1985 年至 1994 年間河南省三門峽市上村嶺向陽村出土。

録文：甲子尊字號。軍人//丁德，係東京中節//指揮，閏十月五日//葬埋訖。

丁德墓記磚（甲子尊字號，第二種） 北宋（960—1127）某年閏十月五日

名稱：丁德墓記磚（甲子尊字號，第二種）
文獻形態：墓磚長 24.5 厘米，寬 18 厘米，厚 3 厘米。誌文行書 4 行 24 字。
卒葬時間：北宋（960—1127）某年閏十月五日葬。
文獻著録：三門峽市文物工作隊編《北宋陝州漏澤園》，文物出版社，1999 年版，第 245 頁；胡海帆、湯燕編《中國古代磚刻銘文集》，文物出版社，2008 年版，上册第 411 頁、下册第 285 頁。
出土情況：1985 年至 1994 年間河南省三門峽市上村嶺向陽村出土。

録文：甲子尊字號。軍人//丁德，係東京忠//節指揮，閏十月五日//葬埋訖。

李百墓記磚　北宋（960—1127）某年閏十月六日

名稱：李百墓記磚（甲子卑字號）
文獻形態：墓磚長 24 厘米，寬 17.5 厘米，厚 3 厘米。誌文行書 4 行 24 字。
卒葬時間：北宋（960—1127）某年閏十月六日葬。
文獻著録：三門峽市文物工作隊編《北宋陝州漏澤園》，文物出版社，1999 年版，第 246 頁；胡海帆、湯燕編《中國古代磚刻銘文集》，文物出版社，2008 年版，上册第 412 頁、下册第 285 頁。
出土情況：1985 年至 1994 年間河南省三門峽市上村嶺向陽村出土。

録文：甲子卑字號。客人//李百，元係寧州//人事，閏十月初六//日葬埋訖。

阿雷墓記磚（甲子睦字號，第一種）　北宋（960—1127）某年閏十月十七日

名稱：阿雷墓記磚（甲子睦字號，第一種）
文獻形態：墓磚長 24 厘米，寬 17.5 厘米，厚 3 厘米。誌文行書 5 行 41 字。
卒葬時間：北宋（960—1127）某年閏十月十七日葬。
文獻著録：三門峽市文物工作隊編《北宋陝州漏澤園》，文物出版社，1999 年版，第 247 頁；胡海帆、湯燕編《中國古代磚刻銘文集》，文物出版社，2008 年版，上册第 412 頁、下册第 286 頁。
出土情況：1985 年至 1994 年間河南省三門峽市上村嶺向陽村出土。

録文：甲子睦字號。準//使衙指揮送下本州安//濟坊狀，抬舁到身死寡//婦阿雷，係本州人事，閏//十月十七日葬埋訖。

阿雷墓記磚（甲子睦字號，第二種） 北宋（960—1127）某年閏十月十七日

名稱： 阿雷墓記磚（甲子睦字號，第二種）
文獻形態： 墓磚長 24 厘米，寬 17.5 厘米，厚 3 厘米。誌文行書 5 行 41 字。
卒葬時間： 北宋（960—1127）某年閏十月十七日葬。
文獻著録： 三門峽市文物工作隊編《北宋陝州漏澤園》，文物出版社，1999 年版，第 248 頁；胡海帆、湯燕編《中國古代磚刻銘文集》，文物出版社，2008 年版，上册第 412 頁、下册第 286 頁。
出土情況： 1985 年至 1994 年間河南省三門峽市上村嶺向陽村出土。

録文： 甲子睦字號。準//使衙指揮送下本州安濟//坊狀，抬舁到身死寡婦//阿雷，係本州人事，閏十月//十七日葬埋訖。

楊海墓記磚（甲子夫字號，第一種） 北宋（960—1127）某年閏十月二十日

名稱： 楊海墓記磚（甲子夫字號，第一種）
文獻形態： 墓磚長、寬均 30.5 厘米，厚 5 厘米。誌文行書 4 行 33 字。
卒葬時間： 北宋（960—1127）某年閏十月二十日葬。
文獻著録： 三門峽市文物工作隊編《北宋陝州漏澤園》，文物出版社，1999 年版，第 249 頁；胡海帆、湯燕編《中國古代磚刻銘文集》，文物出版社，2008 年版，上册第 412 頁、下册第 286 頁。
出土情況： 1985 年至 1994 年間河南省三門峽市上村嶺向陽村出土。

録文： 甲子夫字號。閏十月二//十日，準//使衙判送到安濟坊//身死徐州百姓楊海，//當日葬埋訖。

楊海墓記磚（甲子夫字號，第二種） 北宋（960—1127）某年閏十月二十日

名稱：楊海墓記磚（甲子夫字號，第二種）
文獻形態：墓磚長、寬均30.5厘米，厚5厘米。誌文行書5行33字。
卒葬時間：北宋（960—1127）某年閏十月二十日葬。
文獻著録：三門峽市文物工作隊編《北宋陝州漏澤園》，文物出版社，1999年版，第250頁；胡海帆、湯燕編《中國古代磚刻銘文集》，文物出版社，2008年版，上册第413頁、下册第286頁。
出土情况：1985年至1994年間河南省三門峽市上村嶺向陽村出土。

録文：甲子夫字號。閏十月二//十日，準//使衙判送到安洛坊[1]//身死徐州百姓楊海，//當日葬埋訖。

[1] 此墓記磚有兩塊。據楊海墓記磚（甲子夫字號，第一種），“安洛坊”應爲“安濟坊”。

馬秀墓記磚　北宋（960—1127）某年閏十月二十五日

名稱：馬秀墓記磚（甲子婦字號）
文獻形態：墓磚長、寬均30.5厘米，厚5厘米。誌文行書4行29字。
卒葬時間：北宋（960—1127）某年閏十月二十五日葬。
文獻著録：三門峽市文物工作隊編《北宋陝州漏澤園》，文物出版社，1999年版，第251頁；胡海帆、湯燕編《中國古代磚刻銘文集》，文物出版社，2008年版，上册第413頁、下册第286—287頁。
出土情况：1985年至1994年間河南省三門峽市上村嶺向陽村出土。

録文：甲子婦字號。準司院[1]頭//子抬舁到雍兵縣[2]軍人//馬秀，閏十月二十五日葬//埋訖。

[1] 此處漏刻“理”字，“司院”應爲“司理院”。
[2] “雍兵縣”誤刻，應爲“雍丘縣”，宋屬開封府畿縣。

常興墓記磚（歲字號，第一種） 北宋（960—1127）某年十一月一日

名稱：常興墓記磚（歲字號，第一種）
文獻形態：墓磚長 27 厘米，寬 28 厘米，厚 3 厘米。誌文行書 4 行 39 字。
卒葬時間：北宋（960—1127）某年十一月一日葬。
文獻著録：三門峽市文物工作隊編《北宋陝州漏澤園》，文物出版社，1999 年版，第 60 頁；胡海帆、湯燕編《中國古代磚刻銘文集》，文物出版社，2008 年版，上册第 369 頁、下册第 251 頁。
出土情況：1985 年至 1994 年間河南省三門峽市上村嶺向陽村出土。

録文：歲字號。常興，年二十七歲，//本府靈寶縣人，十月三十//日撿驗了當，十一月一日依//條立峰，葬埋記識訖。

常興墓記磚（歲字號，第二種） 北宋（960—1127）某年十一月一日

名稱：常興墓記磚（歲字號，第二種）
文獻形態：墓磚長 25 厘米，寬 20 厘米，厚 4 厘米。誌文行書 5 行 39 字。
卒葬時間：北宋（960—1127）某年十一月一日葬。
文獻著録：三門峽市文物工作隊編《北宋陝州漏澤園》，文物出版社，1999 年版，第 61 頁；胡海帆、湯燕編《中國古代磚刻銘文集》，文物出版社，2008 年版，上册第 370 頁、下册第 251 頁。
出土情況：1985 年至 1994 年間河南省三門峽市上村嶺向陽村出土。

録文：歲字號。常興，年二//十七歲，本府靈寶//縣人，十月三十日撿驗//了當，十一月一日依//條立峰，葬埋記識訖。

侯進墓記磚（律字號，第一種） 北宋（960—1127）某年十一月二日

名稱：侯進墓記磚（律字號，第一種）
文獻形態：墓磚長 28 厘米，寬 20 厘米，厚 4 厘米。誌文行書 5 行 40 字。
卒葬時間：北宋（960—1127）某年十一月二日葬。
文獻著録：三門峽市文物工作隊編《北宋陝州漏澤園》，文物出版社，1999 年版，第 62 頁；胡海帆、湯燕編《中國古代磚刻銘文集》，文物出版社，2008 年版，上册第 370 頁、下册第 251 頁。
出土情況：1985 年至 1994 年間河南省三門峽市上村嶺向陽村出土。

録文：律字號。侯進，年七十二//歲，係本府三門水軍//營兵士，十一月一日撿//驗了當，二日依//條立峰，葬埋記識訖。

侯進墓記磚（律字號，第二種） 北宋（960—1127）某年十一月二日

名稱：侯進墓記磚（律字號，第二種）
文獻形態：墓磚長 25 厘米，寬 20 厘米，厚 4 厘米，誌文行書 5 行 39 字。
卒葬時間：北宋（960—1127）某年十一月二日葬。
文獻著録：三門峽市文物工作隊編《北宋陝州漏澤園》，文物出版社，1999 年版，第 63 頁；胡海帆、湯燕編《中國古代磚刻銘文集》，文物出版社，2008 年版，上册第 370 頁、下册第 251 頁。
出土情況：1985 年至 1994 年間河南省三門峽市上村嶺向陽村出土。

録文：律字號。侯進，年七十二//歲，本府三門水軍//營兵士，十一月一日撿//驗了當，二日依//條立峰，葬埋記識訖。

阿降墓記磚　北宋（960—1127）某年十一月二日

名稱：阿降墓記磚（甲子隨字號）
文獻形態：墓磚長31.5厘米，寬31厘米，厚5厘米。誌文行書3行26字。
卒葬時間：北宋（960—1127）某年十一月二日葬。
文獻著録：三門峽市文物工作隊編《北宋陝州漏澤園》，文物出版社，1999年版，第252頁；胡海帆、湯燕編《中國古代磚刻銘文集》，文物出版社，2008年版，上册第413頁、下册第287頁。
出土情況：1985年至1994年間河南省三門峽市上村嶺向陽村出土。

録文：甲子隨字號。婦人阿降，//元係永興軍人事，於//十一月初二日葬埋訖。

安成墓記磚（甲子外字號，第一種）　北宋（960—1127）某年十一月二日

名稱：安成墓記磚（甲子外字號，第一種）
文獻形態：墓磚長34厘米，寬33.5厘米，厚5厘米。誌文行書3行24字。
卒葬時間：北宋（960—1127）某年十一月二日葬。
文獻著録：三門峽市文物工作隊編《北宋陝州漏澤園》，文物出版社，1999年版，第253頁；胡海帆、湯燕編《中國古代磚刻銘文集》，文物出版社，2008年版，上册第413頁、下册第287頁。
出土情況：1985年至1994年間河南省三門峽市上村嶺向陽村出土。

録文：甲子外字號。軍人安//成，元係巴州人事，十//一月初二日葬埋訖。

安成墓記磚（甲子外字號，第二種） 北宋（960—1127）某年十一月二日

名稱：安成墓記磚（甲子外字號，第二種）
文獻形態：墓磚長 34 厘米，寬 33.5 厘米，厚 5 厘米。誌文行書 3 行 24 字。
卒葬時間：北宋（960—1127）某年十一月二日葬。
文獻著録：三門峽市文物工作隊編《北宋陝州漏澤園》，文物出版社，1999 年版，第 254 頁；胡海帆、湯燕編《中國古代磚刻銘文集》，文物出版社，2008 年版，上册第 414 頁、下册第 287 頁。
出土情況：1985 年至 1994 年間河南省三門峽市上村嶺向陽村出土。

録文：甲子外字號。軍人安//成，元係巴州人事，十//一月初二日葬埋訖。

祝信墓記磚 北宋（960—1127）某年十一月四日

名稱：祝信墓記磚（甲子受字號）
文獻形態：墓磚長 30.5 厘米，寬 26.5 厘米，厚 5 厘米。誌文行書 4 行 27 字。
卒葬時間：北宋（960—1127）某年十一月四日葬。
文獻著録：三門峽市文物工作隊編《北宋陝州漏澤園》，文物出版社，1999 年版，第 255 頁；胡海帆、湯燕編《中國古代磚刻銘文集》，文物出版社，2008 年版，上册第 414 頁、下册第 287 頁。
出土情況：1985 年至 1994 年間河南省三門峽市上村嶺向陽村出土。

録文：甲子受字號。司理院//頭子抬到澶州兵士//祝信，十一月初四日葬//埋訖。

毌秀墓記磚（吕字號，第一種） 北宋（960—1127）某年十一月四日

名稱：毌秀墓記磚（吕字號，第一種）
文獻形態：墓磚長 26 厘米，寬 20 厘米，厚 4 厘米。誌文行書 5 行 43 字。
卒葬時間：北宋（960—1127）某年十一月四日葬。
文獻著録：三門峽市文物工作隊編《北宋陝州漏澤園》，文物出版社，1999 年版，第 64 頁；胡海帆、湯燕編《中國古代磚刻銘文集》，文物出版社，2008 年版，上册第 370 頁、下册第 252 頁。
出土情況：1985 年至 1994 年間河南省三門峽市上村嶺向陽村出土。

録文：吕字號。毌秀，年約二十//八九，係瀛州安遠弟八//指揮兵士，十一月初三//日撿驗了當，四日依//條立峰，葬埋記識訖。

毌秀墓記磚（吕字號，第二種） 北宋（960—1127）某年十一月四日

名稱：毌秀墓記磚（吕字號，第二種）
文獻形態：墓磚長 25 厘米，寬 20 厘米，厚 4 厘米。誌文行書 6 行 43 字。
卒葬時間：北宋（960—1127）某年十一月四日葬。
文獻著録：三門峽市文物工作隊編《北宋陝州漏澤園》，文物出版社，1999 年版，第 65 頁；胡海帆、湯燕編《中國古代磚刻銘文集》，文物出版社，2008 年版，上册第 371 頁、下册第 252 頁。
出土情況：1985 年至 1994 年間河南省三門峽市上村嶺向陽村出土。

録文：吕字號。毌秀，年約二十//八九，係瀛州安遠//弟八指揮兵士，十一月//初三日撿驗了當，四日依//條立峰，葬埋記識訖。

毌秀墓記磚（調字號，第三種） 北宋（960—1127）某年十一月四日

名稱：毌秀墓記磚（調字號，第三種）
文獻形態：墓磚長 27.5 厘米，寬 28 厘米，厚 3 厘米。誌文行書 5 行 43 字。
卒葬時間：北宋（960—1127）某年十一月四日葬。
文獻著録：三門峽市文物工作隊編《北宋陝州漏澤園》，文物出版社，1999 年版，第 66 頁；胡海帆、湯燕編《中國古代磚刻銘文集》，文物出版社，2008 年版，上册第 371 頁、下册第 252 頁。
出土情況：1985 年至 1994 年間河南省三門峽市上村嶺向陽村出土。

録文：調字號。毌秀，年約二十八//九，係瀛州安遠弟八指//揮兵士，十一月初三日撿驗//了當，四日依//條立峰，葬埋記識訖。

毌秀墓記磚（調字號，第四種） 北宋（960—1127）某年十一月四日

名稱：毌秀墓記磚（調字號，第四種）
文獻形態：墓磚長 25.5 厘米，寬 17 厘米，厚 3.5 厘米。誌文行書 5 行 43 字。
卒葬時間：北宋（960—1127）某年十一月四日葬。
文獻著録：三門峽市文物工作隊編《北宋陝州漏澤園》，文物出版社，1999 年版，第 67 頁；胡海帆、湯燕編《中國古代磚刻銘文集》，文物出版社，2008 年版，上册第 371 頁、下册第 252 頁。
出土情況：1985 年至 1994 年間河南省三門峽市上村嶺向陽村出土。

録文：調字號。毌秀，年約二十八//九，係瀛州安遠弟八指//揮兵士，十一月初三日撿驗//了當，四日依//條立峰，葬埋記識訖。

張進墓記磚　北宋（960—1127）某年十一月四日

名稱：張進墓記磚（甲子調字號）
文獻形態：墓磚長 30 厘米，寬 16 厘米，厚 5 厘米。誌文行書 3 行 30 字。
卒葬時間：北宋（960—1127）某年十一月四日葬。
文獻著録：三門峽市文物工作隊編《北宋陝州漏澤園》，文物出版社，1999 年版，第 68 頁；胡海帆、湯燕編《中國古代磚刻銘文集》，文物出版社，2008 年版，上册第 371 頁、下册第 252 頁。
出土情況：1985 年至 1994 年間河南省三門峽市上村嶺向陽村出土。

録文：甲子調。澶州崇勝弟十六指揮//兵士張進，十一月三日撿驗了當，//四日葬埋記。

楊元墓記磚　北宋（960—1127）某年十一月五日

名稱：楊元墓記磚（甲子奉字號）
文獻形態：墓磚長、寬均 31 厘米，厚 5 厘米。誌文行書 5 行 43 字。
卒葬時間：北宋（960—1127）某年十一月五日葬。
文獻著録：三門峽市文物工作隊編《北宋陝州漏澤園》，文物出版社，1999 年版，第 256 頁；胡海帆、湯燕編《中國古代磚刻銘文集》，文物出版社，2008 年版，上册第 414 頁、下册第 287 頁。
出土情況：1985 年至 1994 年間河南省三門峽市上村嶺向陽村出土。

録文：甲子奉字號。準司理頭//子抬舁到壕寨司寄//役身死逃軍楊元，係//遂州克寧弟四指揮，//於十一月初五日葬埋訖。

楊美墓記磚　北宋（960—1127）某年十一月八日

名稱： 楊美墓記磚（甲子儀字號）
文獻形態： 墓磚長 31 厘米，寬 30.5 厘米，厚 5 厘米。誌文行書 3 行 27 字。
卒葬時間： 北宋（960—1127）某年十一月八日葬。
文獻著録： 三門峽市文物工作隊編《北宋陝州漏澤園》，文物出版社，1999 年版，第 257 頁；胡海帆、湯燕編《中國古代磚刻銘文集》，文物出版社，2008 年版，上册第 414 頁、下册第 288 頁。
出土情況： 1985 年至 1994 年間河南省三門峽市上村嶺向陽村出土。

録文： 甲子儀字號。隴州青邊//第二十五指揮長行楊//美，十一月八日收埋訖。

劉進墓記磚　北宋（960—1127）某年十一月八日

名稱： 劉進墓記磚（甲子陽字號）
文獻形態： 墓磚長 30 厘米，寬 16 厘米，厚 4 厘米。誌文行書 3 行 30 字。
卒葬時間： 北宋（960—1127）某年十一月八日葬。
文獻著録： 三門峽市文物工作隊編《北宋陝州漏澤園》，文物出版社，1999 年版，第 69 頁；胡海帆、湯燕編《中國古代磚刻銘文集》，文物出版社，2008 年版，上册第 372 頁、下册第 252—253 頁。
出土情況： 1985 年至 1994 年間河南省三門峽市上村嶺向陽村出土。

録文： 甲子陽。本府雄勝弟二指揮軍//人劉進，十一月七日撿驗了當，初//八日葬埋記。

無名氏婦人墓記磚（甲子雲字號，第一種） 北宋（960—1127）某年十一月八日

名稱： 無名氏婦人墓記磚（甲子雲字號，第一種）
文獻形態： 墓磚長 27.5 厘米，寬 27 厘米，厚 3 厘米。誌文行書 4 行 41 字。
卒葬時間： 北宋（960—1127）某年十一月八日葬。
文獻著録： 三門峽市文物工作隊編《北宋陝州漏澤園》，文物出版社，1999 年版，第 70 頁；胡海帆、湯燕編《中國古代磚刻銘文集》，文物出版社，2008 年版，上册第 372 頁、下册第 253 頁。
出土情況： 1985 年至 1994 年間河南省三門峽市上村嶺向陽村出土。

録文： 雲字號。不知姓名貧子//婦人，年約七十四五，右厢身//死，十一月七日撿驗了當，八日依//條立峰，葬埋記識訖。

無名氏婦人墓記磚（甲子雲字號，第二種） 北宋（960—1127）某年十一月八日

名稱： 無名氏婦人墓記磚（甲子雲字號，第二種）
文獻形態： 墓磚長 28 厘米，寬 20 厘米，厚 4 厘米。誌文行書 4 行 41 字。
卒葬時間： 北宋（960—1127）某年十一月八日葬。
文獻著録： 三門峽市文物工作隊編《北宋陝州漏澤園》，文物出版社，1999 年版，第 71 頁；胡海帆、湯燕編《中國古代磚刻銘文集》，文物出版社，2008 年版，上册第 372 頁、下册第 253 頁。
出土情況： 1985 年至 1994 年間河南省三門峽市上村嶺向陽村出土。

録文： 雲字號。不知姓名貧子//婦人，年約七十四五，右厢身//死，十一月七日撿驗了當，八日依//條立峰，葬埋記識訖。

張青墓記磚（致字號，第一種） 北宋（960—1127）某年十一月十日

名稱：張青墓記磚（致字號，第一種）
文獻形態：墓磚長 28 厘米，寬 20.5 厘米，厚 4 厘米。誌文行書 5 行 46 字。
卒葬時間：北宋（960—1127）某年十一月十日葬。
文獻著録：三門峽市文物工作隊編《北宋陝州漏澤園》，文物出版社，1999 年版，第 72 頁；胡海帆、湯燕編《中國古代磚刻銘文集》，文物出版社，2008 年版，上册第 372 頁、下册第 253 頁。
出土情况：1985 年至 1994 年間河南省三門峽市上村嶺向陽村出土。

録文：致字號。壕寨司兵士張//青，年約三十八九，係蔡州勁//武弟十七指揮，十一月九日//檢驗了當，十日依//條立峰，葬埋記識訖。

張青墓記磚（致字號，第二種） 北宋（960—1127）某年十一月十日

名稱：張青墓記磚（致字號，第二種）
文獻形態：墓磚長 26 厘米，寬 20 厘米，厚 4 厘米。誌文行書 5 行 46 字。
卒葬時間：北宋（960—1127）某年十一月十日葬。
文獻著録：三門峽市文物工作隊編《北宋陝州漏澤園》，文物出版社，1999 年版，第 73 頁；胡海帆、湯燕編《中國古代磚刻銘文集》，文物出版社，2008 年版，上册第 373 頁、下册第 253 頁。
出土情况：1985 年至 1994 年間河南省三門峽市上村嶺向陽村出土。

録文：致字號。壕寨司兵士張//青，年約三十八九，係蔡州勁//武弟十七指揮，十一月九日//撿驗了當，十日依//條立峰，葬埋記識訖。

張青墓記磚（致字號，第三種） 北宋（960—1127）某年十一月十日

名稱： 張青墓記磚（甲子致字號，第三種）

文獻形態： 墓磚長 30 厘米，寬 16 厘米，厚 4 厘米。誌文行書 3 行 34 字。

卒葬時間： 北宋（960—1127）某年十一月十日葬。

文獻著録： 三門峽市文物工作隊編《北宋陝州漏澤園》，文物出版社，1999 年版，第 74 頁；胡海帆、湯燕編《中國古代磚刻銘文集》，文物出版社，2008 年版，上册第 373 頁、下册第 253—254 頁。

出土情況： 1985 年至 1994 年間河南省三門峽市上村嶺向陽村出土。

録文： 甲子致。壕寨司兵士張青，蔡州//勁武弟十七指揮，十一月九日撿驗//了當，初十日葬埋記。

梁德墓記磚（甲子諸字號，第一種） 北宋（960—1127）某年十一月十一日

名稱： 梁德墓記磚（甲子諸字號，第一種）

文獻形態： 墓磚長、寬均 30 厘米，厚 5 厘米。誌文行書 5 行 45 字。

卒葬時間： 北宋（960—1127）某年十一月十一日葬。

文獻著録： 三門峽市文物工作隊編《北宋陝州漏澤園》，文物出版社，1999 年版，第 258 頁；胡海帆、湯燕編《中國古代磚刻銘文集》，文物出版社，2008 年版，上册第 415 頁、下册第 288 頁。

出土情況： 1985 年至 1994 年間河南省三門峽市上村嶺向陽村出土。

録文： 甲子諸字號。準平陸縣//尉頭子抬舁到在京廣//勇右弟二、弟六指揮軍//人梁德，十一月十一日撿驗//了當，當日葬埋訖。

梁德墓記磚（甲子諸字號，第二種） 北宋（960—1127）某年十一月十一日

名稱：梁德墓記磚（甲子諸字號，第二種）
文獻形態：墓磚長、寬均 30 厘米，厚 5 厘米。誌文行書 5 行殘存 35 字。
卒葬時間：北宋（960—1127）某年十一月十一日葬。
文獻著録：三門峽市文物工作隊編《北宋陝州漏澤園》，文物出版社，1999 年版，第 259 頁；胡海帆、湯燕編《中國古代磚刻銘文集》，文物出版社，2008 年版，上册第 415 頁、下册第 288 頁。
出土情况：1985 年至 1994 年間河南省三門峽市上村嶺向陽村出土。

録文：［上缺］//尉頭子抬舁到在京//廣勇右弟二、弟六指//揮人[1]梁德，十一月十一日撿//驗了當，當日葬埋訖。

[1] 此處漏刻“軍”字，應爲“軍人”。

王吉墓記磚（甲子叔字號，第一種） 北宋（960—1127）某年十一月十一日

名稱：王吉墓記磚（甲子叔字號，第一種）
文獻形態：墓磚長 31 厘米，寬 31.5 厘米，厚 5 厘米。誌文行書 4 行 37 字。
卒葬時間：北宋（960—1127）某年十一月十一日葬。
文獻著録：三門峽市文物工作隊編《北宋陝州漏澤園》，文物出版社，1999 年版，第 260 頁；胡海帆、湯燕編《中國古代磚刻銘文集》，文物出版社，2008 年版，上册第 415 頁、下册第 288 頁。
出土情况：1985 年至 1994 年間河南省三門峽市上村嶺向陽村出土。

録文：甲子叔字號。準本縣尉//頭子抬舁到華州人//事百姓王吉，十一月十一日撿//驗了當，當日葬埋訖。

王吉墓記磚（甲子叔字號，第二種） 北宋（960—1127）某年十一月十一日

名稱：王吉墓記磚（甲子叔字號，第二種）
文獻形態：墓磚長 31 厘米，寬 30.5 厘米，厚 5 厘米。誌文行書 4 行 37 字。
卒葬時間：北宋（960—1127）某年十一月十一日葬。
文獻著録：三門峽市文物工作隊編《北宋陝州漏澤園》，文物出版社，1999 年版，第 261 頁；胡海帆、湯燕編《中國古代磚刻銘文集》，文物出版社，2008 年版，上册第 415 頁、下册第 288 頁。
出土情況：1985 年至 1994 年間河南省三門峽市上村嶺向陽村出土。

録文：甲子叔字號。準本縣尉//頭子抬舁到華州人事百姓//王吉，十一月十一日撿驗了//當，當日葬埋訖。

馬定墓記磚 北宋（960—1127）某年十一月十一日

名稱：馬定墓記磚（甲子悲字號）
文獻形態：墓磚長 30.5 厘米，寬 15 厘米，厚 4.5 厘米。誌文行書 3 行 21 字。
卒葬時間：北宋（960—1127）某年十一月十一日葬。
文獻著録：三門峽市文物工作隊編《北宋陝州漏澤園》，文物出版社，1999 年版，第 181 頁；胡海帆、湯燕編《中國古代磚刻銘文集》，文物出版社，2008 年版，上册第 397 頁、下册第 274 頁。
出土情況：河南省三門峽市上村嶺向陽村出土。采集品，出土時間不詳。

録文：甲子悲。磁鍾鋪身死//兵士馬定，十一月十//一日葬埋訖。

陳吉墓記磚　北宋（960—1127）某年十一月十一日

名稱：陳吉墓記磚（甲子染字號）
文獻形態：墓磚長 30.5 厘米，寬 15.5 厘米，厚 4.5 厘米。誌文行書 3 行殘存 16 字。
卒葬時間：北宋（960—1127）某年十一月十一日葬。
文獻著録：三門峽市文物工作隊編《北宋陝州漏澤園》，文物出版社，1999 年版，第 182 頁；胡海帆、湯燕編《中國古代磚刻銘文集》，文物出版社，2008 年版，上册第 397 頁、下册第 274 頁。
出土情況：河南省三門峽市上村嶺向陽村出土。采集品，出土時間不詳。

録文：甲子染。□州弟十九//指揮兵士陳吉，□八//［下缺］。

嵬□坷墓記磚　北宋（960—1127）某年十一月十一日

名稱：嵬□坷墓記磚（甲子贊字號）
文獻形態：墓磚長 30.5 厘米，寬 15.5 厘米，厚 4.5 厘米。誌文行書 3 行 17 字。
卒葬時間：北宋（960—1127）某年十一月十一日葬。
文獻著録：三門峽市文物工作隊編《北宋陝州漏澤園》，文物出版社，1999 年版，第 183 頁；胡海帆、湯燕編《中國古代磚刻銘文集》，文物出版社，2008 年版，上册第 397 頁、下册第 274—275 頁。
出土情況：河南省三門峽市上村嶺向陽村出土。采集品，出土時間不詳。

録文：甲子贊。番部嵬□//坷，十一月十五日葬埋//訖。

白保墓記磚（甲子雨字號，第一種） 北宋（960—1127）某年十一月十二日

名稱： 白保墓記磚（甲子雨字號，第一種）

文獻形態： 墓磚長 25 厘米，寬 20 厘米，厚 4 厘米。誌文行書 5 行 44 字。

卒葬時間： 北宋（960—1127）某年十一月十二日葬。

文獻著録： 三門峽市文物工作隊編《北宋陝州漏澤園》，文物出版社，1999 年版，第 75 頁；胡海帆、湯燕編《中國古代磚刻銘文集》，文物出版社，2008 年版，上册第 373 頁、下册第 254 頁。

出土情況： 1985 年至 1994 年間河南省三門峽市上村嶺向陽村出土。

録文： 雨字號。静難軍人兵//士白保，年約四十一二，於府//院[1]身死，十一月十一日撿驗//了當，十二日依//條立峰，葬埋記識訖。

[1] 府院：宋代府司録參軍院簡稱，與州設録事參軍院之稱“州院”相對。府院也稱“府司”，爲刑獄機構。

白保墓記磚（甲子雨字號，第二種） 北宋（960—1127）某年十一月十二日

名稱： 白保墓記磚（甲子雨字號，第二種）

文獻形態： 墓磚長 25.5 厘米，寬 20 厘米，厚 4 厘米。誌文行書 5 行 44 字。

卒葬時間： 北宋（960—1127）某年十一月十二日葬。

文獻著録： 三門峽市文物工作隊編《北宋陝州漏澤園》，文物出版社，1999 年版，第 76 頁；胡海帆、湯燕編《中國古代磚刻銘文集》，文物出版社，2008 年版，上册第 373 頁、下册第 254 頁。

出土情況： 1985 年至 1994 年間河南省三門峽市上村嶺向陽村出土。

録文： 雨字號。静難軍人兵//士白保，年約四十一二，於府//院身死，十一月十一日//撿驗了當，十二日依//條立峰，葬埋記識訖。

白保墓記磚（甲子雨字號，第三種） 北宋（960—1127）某年十一月十二日

名稱：白保墓記磚（甲子雨字號，第三種）
文獻形態：墓磚長 31 厘米，寬 16 厘米，厚 5 厘米。誌文行書 3 行 32 字。
卒葬時間：北宋（960—1127）某年十一月十二日葬。
文獻著録：三門峽市文物工作隊編《北宋陝州漏澤園》，文物出版社，1999 年版，第 77 頁；胡海帆、湯燕編《中國古代磚刻銘文集》，文物出版社，2008 年版，上册第 374 頁、下册第 254 頁。
出土情況：1985 年至 1994 年間河南省三門峽市上村嶺向陽村出土。

録文：甲子雨。静難軍人兵士白保，府院身//死，十一月十日、十一月十一日撿驗了當，十二//日葬埋記。

劉貴墓記磚（甲子猶字號，第一種） 北宋（960—1127）某年十一月十三日

名稱：劉貴墓記磚（甲子猶字號，第一種）
文獻形態：墓磚長 30 厘米，寬 31.8 厘米，厚 4.8 厘米。誌文行書 5 行 38 字。
卒葬時間：北宋（960—1127）某年十一月十三日葬。
文獻著録：三門峽市文物工作隊編《北宋陝州漏澤園》，文物出版社，1999 年版，第 262 頁；胡海帆、湯燕編《中國古代磚刻銘文集》，文物出版社，2008 年版，上册第 416 頁、下册第 289 頁。
出土情況：1985 年至 1994 年間河南省三門峽市上村嶺向陽村出土。

録文：甲子猶字號。準監押供//奉頭子抬舁到本州//人事配軍劉貴，十一月//十三日撿驗了當，當日//葬埋訖。

劉貴墓記磚（甲子猶字號，第二種） 北宋（960—1127）某年十一月十三日

名稱： 劉貴墓記磚（甲子猶字號，第二種）
文獻形態： 墓磚長 31 厘米，寬 30 厘米，厚 5 厘米。誌文行書 5 行 36 字。
卒葬時間： 北宋（960—1127）某年十一月十三日葬。
文獻著録： 三門峽市文物工作隊編《北宋陝州漏澤園》，文物出版社，1999 年版，第 263 頁；胡海帆、湯燕編《中國古代磚刻銘文集》，文物出版社，2008 年版，上册第 416 頁、下册第 289 頁。
出土情況： 1985 年至 1994 年間河南省三門峽市上村嶺向陽村出土。

録文： 甲子猶字號。準監押//供奉頭子抬舁到本州//人事配軍劉貴，十一月//十三日撿驗了當，日[1]//葬埋訖。

[1] 此處漏刻“當”字，應爲“當日”。

丁德墓記磚（甲子露字號，第一種） 北宋（960—1127）某年十一月十三日

名稱： 丁德墓記磚（甲子露字號，第一種）
文獻形態： 墓磚長 27 厘米，寬 20 厘米，厚 4 厘米。誌文行書 5 行 50 字。
卒葬時間： 北宋（960—1127）某年十一月十三日葬。
文獻著録： 三門峽市文物工作隊編《北宋陝州漏澤園》，文物出版社，1999 年版，第 78 頁；胡海帆、湯燕編《中國古代磚刻銘文集》，文物出版社，2008 年版，上册第 374 頁、下册第 254 頁。
出土情況： 1985 年至 1994 年間河南省三門峽市上村嶺向陽村出土。

録文： 露字號。雍丘縣雄武弟//十六指揮兵士丁德，年二十八//歲，於城東厢身死，十一月十//二日撿驗了當，十三日依//條立峰，葬埋記識訖。

丁德墓記磚（露字號，第二種） 北宋（960—1127）某年十一月十三日

名稱： 丁德墓記磚（露字號，第二種）
文獻形態： 墓磚長 27 厘米，寬 20 厘米，厚 4 厘米。誌文行書 5 行 50 字。
卒葬時間： 北宋（960—1127）某年十一月十三日葬。
文獻著録： 三門峽市文物工作隊編《北宋陜州漏澤園》，文物出版社，1999 年版，第 79 頁；胡海帆、湯燕編《中國古代磚刻銘文集》，文物出版社，2008 年版，上册第 374 頁、下册第 255 頁。
出土情況： 1985 年至 1994 年間河南省三門峽市上村嶺向陽村出土。

録文： 露字號。雍丘縣雄武弟十∥六指揮兵士丁德，於城東∥廂身死，十一月十二日撿驗了∥當，當年二十八歲，十三日依∥條立峰，葬埋記識訖。

阿梁墓記磚（結字號，第一種） 北宋（960—1127）某年十一月十三日

名稱： 阿梁墓記磚（結字號，第一種）
文獻形態： 墓磚長 28 厘米，寬 20 厘米，厚 4 厘米。誌文行書 5 行 50 字。
卒葬時間： 北宋（960—1127）某年十一月十三日葬。
文獻著録： 三門峽市文物工作隊編《北宋陜州漏澤園》，文物出版社，1999 年版，第 80 頁；胡海帆、湯燕編《中國古代磚刻銘文集》，文物出版社，2008 年版，上册第 374 頁、下册第 255 頁。
出土情況： 1985 年至 1994 年間河南省三門峽市上村嶺向陽村出土。

録文： 結字號。孤獨婦人阿梁，∥年約七十二三，係本府永定∥廂人，於仁先院身死，十一月∥十二日撿驗了當，十三日依∥條立峰，葬埋記識訖。

阿梁墓記磚（結字號，第二種） 北宋（960—1127）某年十一月十三日

名稱： 阿梁墓記磚（結字號，第二種）
文獻形態： 墓磚長25.5厘米，寬20厘米，厚4厘米。誌文行書5行50字。
卒葬時間： 北宋（960—1127）某年十一月十三日葬。
文獻著録： 三門峽市文物工作隊編《北宋陝州漏澤園》，文物出版社，1999年版，第81頁；胡海帆、湯燕編《中國古代磚刻銘文集》，文物出版社，2008年版，上册第375頁、下册第255頁。
出土情況： 1985年至1994年間河南省三門峽市上村嶺向陽村出土。

録文： 結字號。孤獨婦人阿梁，//年約七十二三，係本府永定//厢人，於仁先院身死，十一月//十二日撿驗了當，十三日依//條立峰，葬埋記識訖。

阿梁墓記磚（甲子結字號，第三種） 北宋（960—1127）某年十一月十三日

名稱： 阿梁墓記磚（甲子結字號，第三種）
文獻形態： 墓磚長31厘米，寬16厘米，厚4厘米。誌文行書3行35字。
卒葬時間： 北宋（960—1127）某年十一月十三日葬。
文獻著録： 三門峽市文物工作隊編《北宋陝州漏澤園》，文物出版社，1999年版，第82頁；胡海帆、湯燕編《中國古代磚刻銘文集》，文物出版社，2008年版，上册第375頁、下册第255頁。
出土情況： 1985年至1994年間河南省三門峽市上村嶺向陽村出土。

録文： 甲子結。本府永定厢孤獨婦人//阿梁，仁先院身死，十一月十二日//撿驗了當，十三日葬埋記。

廉順墓記磚（甲子子字號，第一種） 北宋（960—1127）某年十一月十四日

名稱：廉順墓記磚（甲子子字號，第一種）
文獻形態：墓磚長、寬均 30 厘米，厚 5 厘米。誌文行書 4 行 34 字。
卒葬時間：北宋（960—1127）某年十一月十四日葬。
文獻著録：三門峽市文物工作隊編《北宋陝州漏澤園》，文物出版社，1999 年版，第 264 頁；胡海帆、湯燕編《中國古代磚刻銘文集》，文物出版社，2008 年版，上册第 416 頁、下册第 289 頁。
出土情况：1985 年至 1994 年間河南省三門峽市上村嶺向陽村出土。

録文：甲子子字號。準司理//頭子抬舁到懷州客//人廉順，十一月十四日撿//驗了當，當日葬埋訖。

廉順墓記磚（甲子子字號，第二種） 北宋（960—1127）某年十一月十四日

名稱：廉順墓記磚（甲子子字號，第二種）
文獻形態：墓磚長 30 厘米，寬 31 厘米，厚 5 厘米。誌文行書 5 行 34 字。
卒葬時間：北宋（960—1127）某年十一月十四日葬。
文獻著録：三門峽市文物工作隊編《北宋陝州漏澤園》，文物出版社，1999 年版，第 265 頁；胡海帆、湯燕編《中國古代磚刻銘文集》，文物出版社，2008 年版，上册第 416 頁、下册第 289 頁。
出土情况：1985 年至 1994 年間河南省三門峽市上村嶺向陽村出土。

録文：甲子子字號。準司理//頭子抬舁到懷州客//人廉順，十一月十四日撿//驗了當，當日葬埋//訖。

無名氏百姓墓記磚（羔字號） 北宋（960—1127）某年十一月十五日

名稱： 無名氏百姓墓記磚（羔字號）
文獻形態： 墓磚長、寬均30.5厘米，厚5厘米。誌文行書5行48字。
卒葬時間： 北宋（960—1127）某年十一月十五日葬。
文獻著録： 三門峽市文物工作隊編《北宋陜州漏澤園》，文物出版社，1999年版，第184頁；胡海帆、湯燕編《中國古代磚刻銘文集》，文物出版社，2008年版，上册第398頁、下册第275頁。
出土情況： 1985年至1994年間河南省三門峽市上村嶺向陽村出土。

録文： 羔字號。磁鍾遞鋪頭//身死不知姓名百姓，年約//六十四五歲，十一月十四日撿//驗了當，十一月十五日依//條立峰，葬埋記識訖。

郭元墓記磚（羊字號，第一種） 北宋（960—1127）某年十一月十六日

名稱： 郭元墓記磚（羊字號，第一種）
文獻形態： 墓磚長、寬均30.5厘米，厚5厘米。誌文行書5行43字。
卒葬時間： 北宋（960—1127）某年十一月十六日葬。
文獻著録： 三門峽市文物工作隊編《北宋陜州漏澤園》，文物出版社，1999年版，第185頁；胡海帆、湯燕編《中國古代磚刻銘文集》，文物出版社，2008年版，上册第398頁、下册第275頁。
出土情況： 1985年至1994年間河南省三門峽市上村嶺向陽村出土。

録文： 羊字號。夏縣張莊百姓//郭元，年約四十七八歲，十一月//十五日撿驗了當，十一月十//六日依//條立峰，葬埋記識訖。

郭元墓記磚（羊字號，第二種） 北宋（960—1127）某年十一月十六日

名稱：郭元墓記磚（羊字號，第二種）
文獻形態：墓磚長、寬均 30.5 厘米，厚 5 厘米。誌文行書 5 行 43 字。
卒葬時間：北宋（960—1127）某年十一月十六日葬。
文獻著録：三門峽市文物工作隊編《北宋陝州漏澤園》，文物出版社，1999 年版，第 186 頁；胡海帆、湯燕編《中國古代磚刻銘文集》，文物出版社，2008 年版，上册第 398 頁、下册第 275 頁。
出土情況：1985 年至 1994 年間河南省三門峽市上村嶺向陽村出土。

録文：羊字號。夏縣張莊百姓//郭元，年約四十七八歲，十//一月十五日撿驗了當，十一月//十六日依//條立峰，葬埋記識訖。

李元墓記磚（景字號，第一種） 北宋（960—1127）某年十一月十六日

名稱：李元墓記磚（景字號，第一種）
文獻形態：墓磚長 31 厘米，寬 30 厘米，厚 5 厘米。誌文行書 5 行 46 字。
卒葬時間：北宋（960—1127）某年十一月十六日葬。
文獻著録：三門峽市文物工作隊編《北宋陝州漏澤園》，文物出版社，1999 年版，第 187 頁；胡海帆、湯燕編《中國古代磚刻銘文集》，文物出版社，2008 年版，上册第 398 頁、下册第 275 頁。
出土情況：1985 年至 1994 年間河南省三門峽市上村嶺向陽村出土。

録文：景字號。曹州騎射[弟]//八指揮兵士李元，年約二//十四五歲，十一月十五日撿驗//了當，十一月十六日依//條立峰，葬埋記識訖。

李元墓記磚（景字號，第二種） 北宋（960—1127）某年十一月十六日

名稱： 李元墓記磚（景字號，第二種）
文獻形態： 墓磚長28.5厘米，寬14厘米，厚5厘米。誌文行書3行殘存27字。
卒葬時間： 北宋（960—1127）某年十一月十六日葬。
文獻著録： 三門峽市文物工作隊編《北宋陝州漏澤園》，文物出版社，1999年版，第188頁；胡海帆、湯燕編《中國古代磚刻銘文集》，文物出版社，2008年版，上册第399頁、下册第275—276頁。
出土情况： 1985年至1994年間河南省三門峽市上村嶺向陽村出土。

録文： 景字號。曹州騎射弟八指揮兵士李元，年約二十//□□□，十一月十五日撿驗//了［下缺］。

頓皋墓記磚 北宋（960—1127）某年十一月十七日

名稱： 頓皋墓記磚（霜字號）
文獻形態： 墓磚長、寬均27厘米，厚3厘米。誌文行書6行50字。
卒葬時間： 北宋（960—1127）某年十一月十七日葬。
文獻著録： 三門峽市文物工作隊編《北宋陝州漏澤園》，文物出版社，1999年版，第83頁；胡海帆、湯燕編《中國古代磚刻銘文集》，文物出版社，2008年版，上册第375頁、下册第255—256頁。
出土情况： 1985年至1994年間河南省三門峽市上村嶺向陽村出土。

録文： 霜字號。東京虎翼□□//二五指揮頓皋，年約二十//一二，於本府牢城營身死，十//一月十六日撿驗了當，十七日依//條立峰，葬埋記識訖。

薛簡墓記磚（金字號，第一種） 北宋（960—1127）某年十一月十七日

名稱：薛簡墓記磚（金字號，第一種）
文獻形態：墓磚長 28 厘米，寬 20 厘米，厚 4 厘米。誌文行書 5 行 49 字。
卒葬時間：北宋（960—1127）某年十一月十七日葬。
文獻著録：三門峽市文物工作隊編《北宋陝州漏澤園》，文物出版社，1999 年版，第 84 頁；胡海帆、湯燕編《中國古代磚刻銘文集》，文物出版社，2008 年版，上册第 375 頁、下册第 256 頁。
出土情況：1985 年至 1994 年間河南省三門峽市上村嶺向陽村出土。

録文：金字號。商州牢城指揮兵//士薛簡，年約四十一二，於本府//牢城營身死，十一月十六日撿//驗了當，十七日依//條立峰，葬埋記識訖。

薛簡墓記磚（金字號，第二種） 北宋（960—1127）某年十一月十七日

名稱：薛簡墓記磚（金字號，第二種）
文獻形態：墓磚長 26 厘米，寬 20 厘米，厚 4 厘米。誌文行書 5 行殘存 45 字。
卒葬時間：北宋（960—1127）某年十一月十七日葬。
文獻著録：三門峽市文物工作隊編《北宋陝州漏澤園》，文物出版社，1999 年版，第 85 頁；胡海帆、湯燕編《中國古代磚刻銘文集》，文物出版社，2008 年版，上册第 376 頁、下册第 256 頁。
出土情況：1985 年至 1994 年間河南省三門峽市上村嶺向陽村出土。

録文：金字號。商州牢[城指揮兵]//士薛簡，年約四十[一二]，於本府//牢城營身死，十一月十六日撿//驗了當，十七日依//條立峰，葬埋記識訖。

薛簡墓記磚（金字號，第三種） 北宋（960—1127）某年十一月十七日

名稱：薛簡墓記磚（金字號，第三種）
文獻形態：墓磚長30厘米，寬16厘米，厚5厘米，誌文行書4行31字。
卒葬時間：北宋（960—1127）某年十一月十七日葬。
文獻著録：三門峽市文物工作隊編《北宋陝州漏澤園》，文物出版社，1999年版，第86頁；胡海帆、湯燕編《中國古代磚刻銘文集》，文物出版社，2008年版，上册第376頁、下册第256頁。
出土情況：1985年至1994年間河南省三門峽市上村嶺向陽村出土。

録文：金字號。商州牢城指揮兵士//薛簡，本府牢城營身死，十一月//十六日撿//驗了當，十七日葬埋記。

無名氏軍人墓記磚（甲子麗字號，第一種） 北宋（960—1127）某年十一月十七日

名稱：無名氏軍人墓記磚（甲子麗字號，第一種）
文獻形態：墓磚長25.5厘米，寬20厘米，厚4厘米。誌文行書5行49字。
卒葬時間：北宋（960—1127）某年十一月十七日葬。
文獻著録：三門峽市文物工作隊編《北宋陝州漏澤園》，文物出版社，1999年版，第91頁；胡海帆、湯燕編《中國古代磚刻銘文集》，文物出版社，2008年版，上册第376頁、下册第256頁。
出土情況：1985年至1994年間河南省三門峽市上村嶺向陽村出土。

録文：麗字號。不知姓名軍人，年約//二十四五，於趙上保瓦務社[1]//官道内身死，十一月十六日//撿驗了當，十七日依//條立峰，葬埋記識訖。

［1］瓦務社：瓦務即窑務。

無名氏軍人墓記磚（甲子麗字號，第二種） 北宋（960—1127）某年十一月十七日

名稱： 無名氏軍人墓記磚（甲子麗字號，第二種）
文獻形態： 墓磚長 25 厘米，寬 20 厘米，厚 4 厘米。誌文行書 6 行 49 字。
卒葬時間： 北宋（960—1127）某年十一月十七日葬。
文獻著録： 三門峽市文物工作隊編《北宋陝州漏澤園》，文物出版社，1999 年版，第 92 頁；胡海帆、湯燕編《中國古代磚刻銘文集》，文物出版社，2008 年版，上册第 376 頁、下册第 256—257 頁。
出土情况： 1985 年至 1994 年間河南省三門峽市上村嶺向陽村出土。

録文： 麗字號。不知姓名軍人，//年約二十四五，於趙上保瓦//務社官道内身死，十一月//十六日撿驗了當，十七日//依//條立峰，葬埋記識訖。

無名氏軍人墓記磚（甲子水字號，第一種） 北宋（960—1127）某年十一月十七日

名稱： 無名氏軍人墓記磚（甲子水字號，第一種）
文獻形態： 墓磚長 25.5 厘米，寬 20 厘米，厚 4 厘米。誌文行書 6 行 49 字。
卒葬時間： 北宋（960—1127）某年十一月十七日葬。
文獻著録： 三門峽市文物工作隊編《北宋陝州漏澤園》，文物出版社，1999 年版，第 93 頁；胡海帆、湯燕編《中國古代磚刻銘文集》，文物出版社，2008 年版，上册第 377 頁、下册第 257 頁。
出土情况： 1985 年至 1994 年間河南省三門峽市上村嶺向陽村出土。

録文： 水字號。不知姓名軍人，//年約二十一二，於趙上保//瓦務社官道内身死，十一//月十六日撿驗了當，十//七日依//條立峰，葬埋記識訖。

無名氏軍人墓記磚（甲子水字號，第二種） 北宋（960—1127）某年十一月十七日

名稱： 無名氏軍人墓記磚（甲子水字號，第二種）
文獻形態： 墓磚長 25.5 厘米，寬 20.5 厘米，厚 4 厘米。誌文行書 5 行 46 字。
卒葬時間： 北宋（960—1127）某年十一月十七日葬。
文獻著録： 三門峽市文物工作隊編《北宋陝州漏澤園》，文物出版社，1999 年版，第 94 頁；胡海帆、湯燕編《中國古代磚刻銘文集》，文物出版社，2008 年版，上册第 377 頁、下册第 257 頁。
出土情況： 1985 年至 1994 年間河南省三門峽市上村嶺向陽村出土。

録文： 水字號。不知姓名軍人，年//約二十一二，於趙上保瓦社[1]//官道内身死，十一月十六日//撿驗了當，十七日依//條立峰，葬埋記識訖。

［1］瓦社：此墓磚有三種，據其餘二種，此處應爲“瓦務社”。

無名氏軍人墓記磚（甲子水字號，第三種） 北宋（960—1127）某年十一月十七日

名稱： 無名氏軍人墓記磚（甲子水字號，第三種）
文獻形態： 墓磚長 30 厘米，寬 16 厘米，厚 5 厘米。誌文行書 3 行 36 字。
卒葬時間： 北宋（960—1127）某年十一月十七日葬。
文獻著録： 三門峽市文物工作隊編《北宋陝州漏澤園》，文物出版社，1999 年版，第 95 頁；胡海帆、湯燕編《中國古代磚刻銘文集》，文物出版社，2008 年版，上册第 377 頁、下册第 257 頁。
出土情況： 1985 年至 1994 年間河南省三門峽市上村嶺向陽村出土。

録文： 甲子水。不知姓名軍人，趙上保//瓦務社官道内身死，十一月十六//日撿驗了當，十七日葬埋記。

阿牛墓記磚（玉字號，第一種） 北宋（960—1127）某年十一月十八日

名稱： 阿牛墓記磚（玉字號，第一種）
文獻形態： 墓磚長 25.5 厘米，寬 20 厘米，厚 4 厘米。誌文行書 6 行 48 字。
卒葬時間： 北宋（960—1127）某年十一月十八日葬。
文獻著録： 三門峽市文物工作隊編《北宋陝州漏澤園》，文物出版社，1999 年版，第 96 頁；胡海帆、湯燕編《中國古代磚刻銘文集》，文物出版社，2008 年版，上册第 378 頁、下册第 258 頁。
出土情況： 1985 年至 1994 年間河南省三門峽市上村嶺向陽村出土。

録文： 玉字號。城南廂閻佾店∥女使阿牛，年約二十四五，∥係解州聞喜縣人，十一月∥十七日撿驗了當，十八日∥依∥條立峰，葬埋記識訖。

阿牛墓記磚（甲子玉字號，第二種） 北宋（960—1127）某年十一月十八日

名稱： 阿牛墓記磚（甲子玉字號，第二種）
文獻形態： 墓磚長 30 厘米，寬 16 厘米，厚 5 厘米。誌文行書 3 行 33 字。
卒葬時間： 北宋（960—1127）某年十一月十八日葬。
文獻著録： 三門峽市文物工作隊編《北宋陝州漏澤園》，文物出版社，1999 年版，第 97 頁；胡海帆、湯燕編《中國古代磚刻銘文集》，文物出版社，2008 年版，上册第 378 頁、下册第 258 頁。
出土情況： 1985 年至 1994 年間河南省三門峽市上村嶺向陽村出土。

録文： 甲子玉。城南廂閻佾店女使∥阿牛，解州聞喜縣人，十一月∥十七∥撿驗了當，十八日葬埋記。

王貴墓記磚　北宋（960—1127）某年十一月十八日

名稱：王貴墓記磚（出字號）
文獻形態：墓磚長 25.5 厘米，寬 20 厘米，厚 4 厘米。誌文行書 6 行 50 字。
卒葬時間：北宋（960—1127）某年十一月十八日葬。
文獻著録：三門峽市文物工作隊編《北宋陝州漏澤園》，文物出版社，1999 年版，第 98 頁；胡海帆、湯燕編《中國古代磚刻銘文集》，文物出版社，2008 年版，上册第 378 頁、下册第 258 頁。
出土情況：1985 年至 1994 年間河南省三門峽市上村嶺向陽村出土。

録文：出字號。澶州洛州城∥駐克□指揮兵士王∥貴，年約五十一二，於□□∥遞鋪内身死，十一月十八∥日撿驗了當，十九日∥條立峰，葬埋記。

康信墓記磚（崑字號，第一種）　北宋（960—1127）某年十一月十九日

名稱：康信墓記磚（崑字號，第一種）
文獻形態：墓磚長 25.5 厘米，寬 20 厘米，厚 4 厘米。誌文行書 6 行 48 字。
卒葬時間：北宋（960—1127）某年十一月十九日葬。
文獻著録：三門峽市文物工作隊編《北宋陝州漏澤園》，文物出版社，1999 年版，第 99 頁；胡海帆、湯燕編《中國古代磚刻銘文集》，文物出版社，2008 年版，上册第 378 頁、下册第 258 頁。
出土情況：1985 年至 1994 年間河南省三門峽市上村嶺向陽村出土。

録文：崑字號。壕寨司寄役∥軍人康信，年約三十一二，∥係汝州勇捷弟四指揮，∥十一月十八日撿驗了當，∥十九日依條立峰，葬埋記識訖。

康信墓記磚（甲子崑字號，第二種） 北宋（960—1127）某年十一月十九日

名稱：康信墓記磚（甲子崑字號，第二種）
文獻形態：墓磚長 31 厘米，寬 16 厘米，厚 5 厘米。誌文行書 4 行 36 字。
卒葬時間：北宋（960—1127）某年十一月十九日葬。
文獻著録：三門峽市文物工作隊編《北宋陝州漏澤園》，文物出版社，1999 年版，第 100 頁；胡海帆、湯燕編《中國古代磚刻銘文集》，文物出版社，2008 年版，上册第 379 頁、下册第 258 頁。
出土情況：1985 年至 1994 年間河南省三門峽市上村嶺向陽村出土。

録文：甲子崑，壕寨司寄役軍人//康信，汝州勇捷弟四指揮，//十一月十八日撿驗了當，十九日葬//埋記。

無名氏軍人墓記磚（行字號，第一種） 北宋（960—1127）某年十一月二十二日

名稱：無名氏軍人墓記磚（行字號，第一種）
文獻形態：墓磚長 31 厘米，寬 30.5 厘米，厚 5 厘米。誌文行書 5 行 45 字。
卒葬時間：北宋（960—1127）某年十一月二十二日葬。
文獻著録：三門峽市文物工作隊編《北宋陝州漏澤園》，文物出版社，1999 年版，第 189 頁；胡海帆、湯燕編《中國古代磚刻銘文集》，文物出版社，2008 年版，上册第 399 頁、下册第 276 頁。
出土情況：1985 年至 1994 年間河南省三門峽市上村嶺向陽村出土。

録文：行字號。永定澗身死不//知姓名軍人，年約二十三四//歲，十一月二十一日撿驗了當，//□一月二十二日依//□立峰，葬埋記識訖。

無名氏軍人墓記磚（行字號，第二種）　北宋（960—1127）某年十一月二十二日

名稱：無名氏軍人墓記磚（行字號，第二種）
文獻形態：墓磚長、寬均30.5厘米，厚5厘米。誌文行書5行48字。
卒葬時間：北宋（960—1127）某年十一月二十二日葬。
文獻著録：三門峽市文物工作隊編《北宋陝州漏澤園》，文物出版社，1999年版，第190頁；胡海帆、湯燕編《中國古代磚刻銘文集》，文物出版社，2008年版，上册第399頁、下册第276頁。
出土情況：1985年至1994年間河南省三門峽市上村嶺向陽村出土。

録文：行字號。永定澗身死不//知姓名軍人，年約二十三四//歲，十一月二十一日撿驗了當//，十一月二十二日依//條立峰，葬埋記識訖。

無名氏婦人墓記磚（崗字號，第一種）　北宋（960—1127）某年十一月二十三日

名稱：無名氏婦人墓記磚（崗字號，第一種）
文獻形態：墓磚長、寬均26厘米，厚3厘米。誌文行書6行51字。
卒葬時間：北宋（960—1127）某年十一月二十三日葬。
文獻著録：三門峽市文物工作隊編《北宋陝州漏澤園》，文物出版社，1999年版，第101頁；胡海帆、湯燕編《中國古代磚刻銘文集》，文物出版社，2008年版，上册第379頁、下册第259頁。
出土情況：1985年至1994年間河南省三門峽市上村嶺向陽村出土。

録文：崗字號。不知姓名貧//子婦人，年約五十七八，//於城東廂張祐店//前身死，十一月二十二日//撿驗了當，二十三日依//條立峰，葬埋記識訖。

無名氏婦人墓記磚（崗字號，第二種） 北宋（960—1127）某年十一月二十三日

名稱：無名氏婦人墓記磚（崗字號，第二種）
文獻形態：墓磚長、寬均 26 厘米，厚 3 厘米。誌文行書 7 行殘存 43 字。
卒葬時間：北宋（960—1127）某年十一月二十三日葬。
文獻著録：三門峽市文物工作隊編《北宋陝州漏澤園》，文物出版社，1999 年版，第 102 頁；胡海帆、湯燕編《中國古代磚刻銘文集》，文物出版社，2008 年版，上册第 379 頁、下册第 259 頁。
出土情況：1985 年至 1994 年間河南省三門峽市上村嶺向陽村出土。

録文：崗字號。不知姓名貧∥子婦人，年約五十七八，∥於城東厢張祐店∥前身死，十一月二十二日∥撿驗了當，二十三日依∥條∥立峰，葬埋記識訖。

袁莫墓記磚 北宋（960—1127）某年十一月二十三日

名稱：袁莫墓記磚（甲子實字號）
文獻形態：墓磚長、寬均 30.5 厘米，厚 5 厘米。誌文行書 6 行 43 字。
卒葬時間：北宋（960—1127）某年十一月二十三日葬。
文獻著録：三門峽市文物工作隊編《北宋陝州漏澤園》，文物出版社，1999 年版，第 295 頁；胡海帆、湯燕編《中國古代磚刻銘文集》，文物出版社，2008 年版，上册第 424 頁、下册第 295 頁。
出土情況：1985 年至 1994 年間河南省三門峽市上村嶺向陽村出土。

録文：甲子實。駐泊東京∥廣勇右二一指揮十∥將王興狀抬舁到本∥指揮兵士袁莫，十一∥月二十三日收管，當∥日葬埋訖。

王方德墓記磚（甲子碑字號，第一種） 北宋（960—1127）某年十一月二十四日

名稱：王方德墓記磚（甲子碑字號，第一種）

文獻形態：墓磚長 31 厘米，寬 30 厘米，厚 5 厘米。誌文行書 4 行 40 字。

卒葬時間：北宋（960—1127）某年十一月二十四日葬。

文獻著録：三門峽市文物工作隊編《北宋陝州漏澤園》，文物出版社，1999 年版，第 296 頁；胡海帆、湯燕編《中國古代磚刻銘文集》，文物出版社，2008 年版，上册第 424 頁、下册第 295 頁。

出土情況：1985 年至 1994 年間河南省三門峽市上村嶺向陽村出土。

録文：甲子碑。平陸縣尉司頭子抬∥舁到成都府斷配池州百姓∥王方德，十一月二十四日撿驗了∥當，當日葬埋訖。

王方德墓記磚（甲子碑字號，第二種） 北宋（960—1127）某年十一月二十四日

名稱：王方德墓記磚（甲子碑字號，第二種）

文獻形態：墓磚長、寬均 31.5 厘米，厚 5 厘米。誌文行書 5 行 40 字。

卒葬時間：北宋（960—1127）某年十一月二十四日葬。

文獻著録：三門峽市文物工作隊編《北宋陝州漏澤園》，文物出版社，1999 年版，第 297 頁；胡海帆、湯燕編《中國古代磚刻銘文集》，文物出版社，2008 年版，上册第 424 頁、下册第 295—296 頁。

出土情況：1985 年至 1994 年間河南省三門峽市上村嶺向陽村出土。

録文：甲子碑。平陸縣尉司∥頭子抬□舁到成都府∥斷配池州百姓王方德，∥十一月二十四日撿驗了當，當∥日葬埋訖。

韓遂墓記磚（釖字號，第一種） 北宋（960—1127）某年十一月二十四日

名稱： 韓遂墓記磚（釖字號，第一種）
文獻形態： 墓磚長、寬均 27 厘米，厚 3 厘米。誌文行書 6 行 51 字。
卒葬時間： 北宋（960—1127）某年十一月二十四日葬。
文獻著録： 三門峽市文物工作隊編《北宋陝州漏澤園》，文物出版社，1999 年版，第 103 頁；胡海帆、湯燕編《中國古代磚刻銘文集》，文物出版社，2008 年版，上册第 379 頁、下册第 259 頁。
出土情況： 1985 年至 1994 年間河南省三門峽市上村嶺向陽村出土。

録文： 釖字號。果州克寧∥第六指揮軍人韓遂，∥年約二十四五，於牢城∥營身死，十一月二十三日撿∥驗了當。二十四日依∥條立峰，葬埋記識訖。

韓遂墓記磚（釖字號，第二種） 北宋（960—1127）某年十一月二十四日

名稱： 韓遂墓記磚（釖字號，第二種）
文獻形態： 墓磚長、寬均 26 厘米，厚 3 厘米。誌文行書 7 行殘存 42 字。
卒葬時間： 北宋（960—1127）某年十一月二十四日葬。
文獻著録： 三門峽市文物工作隊編《北宋陝州漏澤園》，文物出版社，1999 年版，第 104 頁；胡海帆、湯燕編《中國古代磚刻銘文集》，文物出版社，2008 年版，上册第 380 頁、下册第 259 頁。
出土情況： 1985 年至 1994 年間河南省三門峽市上村嶺向陽村出土。

録文： 釖字號。果州[克寧]∥第六指揮[軍人韓]∥遂，年約二十[四五]，[於牢]∥城營身死，十一月二∥十三日撿驗了當。二十四日依∥條立峰，葬埋記識訖。

喬忠墓記磚（號字號，第一種） 北宋（960—1127）某年十一月二十四日

名稱： 喬忠墓記磚（號字號，第一種）

文獻形態： 墓磚長、寬均 27 厘米，厚 3 厘米。誌文行書 6 行 51 字。

卒葬時間： 北宋（960—1127）某年十一月二十四日葬。

文獻著録： 三門峽市文物工作隊編《北宋陝州漏澤園》，文物出版社，1999 年版，第 105 頁；胡海帆、湯燕編《中國古代磚刻銘文集》，文物出版社，2008 年版，上册第 380 頁、下册第 259—260 頁。

出土情況： 1985 年至 1994 年間河南省三門峽市上村嶺向陽村出土。

録文： 號字號。降州雄猛弟//二指揮軍人喬忠，年//約二十六七，於牢城營//身死，十一月二十三日//撿驗了當，二十四日依//條立峰，葬埋記識訖。

喬忠墓記磚（號字號，第二種） 北宋（960—1127）某年十一月二十四日

名稱： 喬忠墓記磚（號字號，第二種）

文獻形態： 墓磚長、寬均 27 厘米，厚 3 厘米。誌文行書 6 行 50 字。

卒葬時間： 北宋（960—1127）某年十一月二十四日葬。

文獻著録： 三門峽市文物工作隊編《北宋陝州漏澤園》，文物出版社，1999 年版，第 106 頁；胡海帆、湯燕編《中國古代磚刻銘文集》，文物出版社，2008 年版，上册第 380 頁、下册第 260 頁。

出土情況： 1985 年至 1994 年間河南省三門峽市上村嶺向陽村出土。

録文： 號字號。降州雄猛弟//[二]指揮軍人喬忠，年//約二十六七，於牢城營//身死，十一月二十三日//撿驗了當，二十四日依//條立峰，葬埋記識訖。

裴四姐墓記磚　北宋（960—1127）某年十一月二十六日

名稱：裴四姐墓記磚（巨字號）

文獻形態：墓磚長 25 厘米，寬 20 厘米，厚 3.5 厘米。誌文行書 6 行 57 字。

卒葬時間：北宋（960—1127）某年十一月二十六日葬。

文獻著録：三門峽市文物工作隊編《北宋陝州漏澤園》，文物出版社，1999 年版，第 107 頁；胡海帆、湯燕編《中國古代磚刻銘文集》，文物出版社，2008 年版，上册第 380 頁、下册第 260 頁。

出土情況：1985 年至 1994 年間河南省三門峽市上村嶺向陽村出土。

録文：巨字號。據仵作行人//秦成抬舁到本府右//廂丁二家所使裴四姐，年//約一十七八歲，係降州太平//縣郭村人，十一月二十六日依//條立峰，葬埋記識訖。

無名氏墓記磚（甲子紙字號）　北宋（960—1127）某年十一月二十六日

名稱：無名氏墓記磚（甲子紙字號）

文獻形態：墓磚長 30 厘米，寬 15 厘米，厚 5 厘米。誌文行書 3 行 24 字。

卒葬時間：北宋（960—1127）某年十一月二十六日葬。

文獻著録：三門峽市文物工作隊編《北宋陝州漏澤園》，文物出版社，1999 年版，第 333 頁；胡海帆、湯燕編《中國古代磚刻銘文集》，文物出版社，2008 年版，上册第 430 頁、下册第 300 頁。

出土情況：河南省三門峽市上村嶺向陽村出土。采集品，出土時間不詳。

録文：甲子紙。城東廂撿訖//不知姓名□人，十一月//二十六日葬埋訖。

無名氏軍人墓記磚（維字號，第一種） 北宋（960—1127）某年十一月二十七日

名稱： 無名氏軍人墓記磚（維字號，第一種）
文獻形態： 墓磚長 31 厘米，寬 30 厘米，厚 5 厘米。誌文行書 5 行 47 字。
卒葬時間： 北宋（960—1127）某年十一月二十七日葬。
文獻著録： 三門峽市文物工作隊編《北宋陜州漏澤園》，文物出版社，1999 年版，第 191 頁；胡海帆、湯燕編《中國古代磚刻銘文集》，文物出版社，2008 年版，上册第 399 頁、下册第 276 頁。
出土情況： 1985 年至 1994 年間河南省三門峽市上村嶺向陽村出土。

録文： 維字號。城東撿訖不知//姓名軍人，年約三十一二歲，//十一月二十六日撿驗了當，十//一月二十七日依//條立峰，葬埋記識訖。

無名氏軍人墓記磚（甲子維字號，第二種） 北宋（960—1127）某年十一月二十七日

名稱： 無名氏軍人墓記磚（甲子維［字號］，第二種）
文獻形態： 墓磚長 31.5 厘米，寬 15.5 厘米，厚 5 厘米。誌文行書 3 行 24 字。
卒葬時間： 北宋（960—1127）某年十一月二十七日葬。
文獻著録： 三門峽市文物工作隊編《北宋陜州漏澤園》，文物出版社，1999 年版，第 192 頁；胡海帆、湯燕編《中國古代磚刻銘文集》，文物出版社，2008 年版，上册第 400 頁、下册第 276 頁。
出土情況： 1985 年至 1994 年間河南省三門峽市上村嶺向陽村出土。

録文： 甲子維。城東廂撿訖//不知姓名軍人，十一月//二十七日葬埋訖。

田吉墓記磚（賢字號，第一種） 北宋（960—1127）某年十一月二十八日

名稱： 田吉墓記磚（賢字號，第一種）
文獻形態： 墓磚長 31 厘米，寬 30 厘米，厚 5 厘米。誌文行書 5 行 50 字。
卒葬時間： 北宋（960—1127）某年十一月二十八日葬。
文獻著録： 三門峽市文物工作隊編《北宋陝州漏澤園》，文物出版社，1999 年版，第 193 頁；胡海帆、湯燕編《中國古代磚刻銘文集》，文物出版社，2008 年版，上册第 400 頁、下册第 276—277 頁。
出土情況： 1985 年至 1994 年間河南省三門峽市上村嶺向陽村出土。

録文： 賢字號。本府保捷弟十五//指揮兵士田吉，年約三十七八//歲，十一月二十七日撿驗了當，//十一月二十八日依//條立峰，葬埋記識訖。

田吉墓記磚（賢字號，第二種） 北宋（960—1127）某年十一月二十八日

名稱： 田吉墓記磚（賢字號，第二種）
文獻形態： 墓磚長 31 厘米，寬 30 厘米，厚 4.5 厘米。誌文行書 5 行殘存 35 字。
卒葬時間： 北宋（960—1127）某年十一月二十八日葬。
文獻著録： 三門峽市文物工作隊編《北宋陝州漏澤園》，文物出版社，1999 年版，第 194 頁；胡海帆、湯燕編《中國古代磚刻銘文集》，文物出版社，2008 年版，上册第 400 頁、下册第 277 頁。
出土情況： 1985 年至 1994 年間河南省三門峽市上村嶺向陽村出土。

録文： 賢字號。本府［下缺］//指揮兵士田吉，［下缺］//歲，十一月二十七日［下缺］，//十一月二十八日依//條立峰，葬埋記識訖。

張能墓記磚　北宋（960—1127）某年十一月二十八日

名稱： 張能墓記磚（闕字號）
文獻形態： 墓磚長、寬均27厘米，厚3.5厘米。誌文行書6行共55字。
卒葬時間： 北宋（960—1127）某年十一月二十八日葬。
文獻著録： 三門峽市文物工作隊編《北宋陝州漏澤園》，文物出版社，1999年版，第108頁；胡海帆、湯燕編《中國古代磚刻銘文集》，文物出版社，2008年版，上册第381頁、下册第260頁。
出土情況： 1985年至1994年間河南省三門峽市上村嶺向陽村出土。

録文： 闕字號。本府保寧弟二∥十八指揮軍人張能，年約∥五十五六，係永興軍人，十一月∥二十七日撿驗了當，十一月二十八日依∥條立峰，葬埋記識訖。

李寧墓記磚　北宋（960—1127）某年十一月二十八日

名稱： 李寧墓記磚（珍字號）
文獻形態： 墓磚長、寬均27厘米，厚3.5厘米。誌文行書6行58字。
卒葬時間： 北宋（960—1127）某年十一月二十八日葬。
文獻著録： 三門峽市文物工作隊編《北宋陝州漏澤園》，文物出版社，1999年版，第109頁；胡海帆、湯燕編《中國古代磚刻銘文集》，文物出版社，2008年版，上册第381頁、下册第260頁。
出土情況： 1985年至1994年間河南省三門峽市上村嶺向陽村出土。

録文： 珍字號。本府壕寨司寄∥役逃軍李寧，年約二十一二，∥係金州勁武弟二十一指揮，∥十一月二十七日撿驗了當，十一∥月二十八日依∥條立峰，葬埋記識訖。

袁順墓記磚（尅字號，第一種） 北宋（960—1127）某年十一月二十九日

名稱： 袁順墓記磚（尅字號，第一種）
文獻形態： 墓磚長 31 厘米，寬 30.5 厘米，厚 5 厘米。誌文行書 5 行 46 字。
卒葬時間： 北宋（960—1127）某年十一月二十九日葬。
文獻著録： 三門峽市文物工作隊編《北宋陝州漏澤園》，文物出版社，1999 年版，第 195 頁；胡海帆、湯燕編《中國古代磚刻銘文集》，文物出版社，2008 年版，上册第 400 頁、下册第 277 頁。
出土情況： 1985 年至 1994 年間河南省三門峽市上村嶺向陽村出土。

録文： 尅字號。本縣南原村百//姓袁順，年約七十八九歲，十//一月二十八日撿驗了當，十一//月二十九日依//條立峰，葬埋記識訖。

袁順墓記磚（尅字號，第二種） 北宋（960—1127）某年十一月二十九日

名稱： 袁順墓記磚（尅字號，第二種）
文獻形態： 墓磚長 31 厘米，寬 30 厘米，厚 5 厘米。誌文行書 5 行殘存 22 字。
卒葬時間： 北宋（960—1127）某年十一月二十九日葬。
文獻著録： 三門峽市文物工作隊編《北宋陝州漏澤園》，文物出版社，1999 年版，第 196 頁；胡海帆、湯燕編《中國古代磚刻銘文集》，文物出版社，2008 年版，上册第 401 頁、下册第 277 頁。
出土情況： 1985 年至 1994 年間河南省三門峽市上村嶺向陽村出土。

録文： 尅字號。本縣南原［下缺］//袁順，年約七［下缺］//［缺］//九日依//條立峰，葬埋記識訖。

張吉墓記磚（稱字號，第一種） 北宋（960—1127）某年十一月二十九日

名稱： 張吉墓記磚（稱字號，第一種）

文獻形態： 墓磚長、寬均 28 厘米，厚 5 厘米。誌文行書 6 行殘存 60 字。

卒葬時間： 北宋（960—1127）某年十一月二十九日葬。

文獻著録： 三門峽市文物工作隊編《北宋陝州漏澤園》，文物出版社，1999 年版，第 110 頁；胡海帆、湯燕編《中國古代磚刻銘文集》，文物出版社，2008 年版，上册第 381 頁、下册第 261 頁。

出土情況： 1985 年至 1994 年間河南省三門峽市上村嶺向陽村出土。

録文： 稱字號。不知州軍百姓張吉，//年約五十四五，係宇文侍郎宅//雇到脚子，於安濟坊身死，十//一月二十八日撿驗了當，十一月二十//九日依//條立峰，葬埋記識訖。

張吉墓記磚（稱字號，第二種） 北宋（960—1127）某年十一月二十九日

名稱： 張吉墓記磚（稱字號，第二種）

文獻形態： 墓磚長 24 厘米，寬 20 厘米，厚 4 厘米。誌文行書 6 行殘存 37 字。

卒葬時間： 北宋（960—1127）某年十一月二十九日葬。

文獻著録： 三門峽市文物工作隊編《北宋陝州漏澤園》，文物出版社，1999 年版，第 111 頁；胡海帆、湯燕編《中國古代磚刻銘文集》，文物出版社，2008 年版，上册第 381 頁、下册第 261 頁。

出土情況： 1985 年至 1994 年間河南省三門峽市上村嶺向陽村出土。

録文： [上缺] 不知州軍 [下缺] // [上缺] 五，係宇文 [下缺] //□□脚子，於安濟 [下缺] //二十八日撿驗了當，十一月二十//九日依//條立峰，葬埋記識訖。

陳宣教墓記磚　北宋（960—1127）某年十一月吉日

名稱：陳宣教墓記磚

文獻形態：墓磚長 17 厘米，寬 16.5 厘米。誌文正書 3 行殘存 16 字。

卒葬時間：北宋（960—1127）某年十一月吉日。

文獻著録：胡海帆、湯燕編《中國古代磚刻銘文集》，文物出版社，2008 年版，上册第 472 頁、下册第 321 頁。

出土情况：民國年間廣東省出土。

録文：［上缺］九宣教之墓，//［上缺］寅十一月吉日。//男陳建孫立。

陳宣教墓記磚

桯吉墓記磚（光字號，第一種） 北宋（960—1127）某年十二月二日

名稱： 桯吉墓記磚（光字號，第一種）
文獻形態： 墓磚長、寬均 27 厘米，厚 3.5 厘米。誌文行書 5 行 50 字。
卒葬時間： 北宋（960—1127）某年十二月二日葬。
文獻著録： 三門峽市文物工作隊編《北宋陝州漏澤園》，文物出版社，1999 年版，第 115 頁；胡海帆、湯燕編《中國古代磚刻銘文集》，文物出版社，2008 年版，上册第 382 頁、下册第 261 頁。
出土情況： 1985 年至 1994 年間河南省三門峽市上村嶺向陽村出土。

録文： 光字號。本府保捷弟十九//指揮弟三都兵士桯吉，年//約二十二三，十二月初一日撿驗//了當，十二月初二日依//條立峰，葬埋記識訖。

桯吉墓記磚（光字號，第二種） 北宋（960—1127）某年十二月二日

名稱： 桯吉墓記磚（光字號，第二種）
文獻形態： 墓磚長、寬均 27 厘米，厚 3.5 厘米。誌文行書 5 行 50 字。
卒葬時間： 北宋（960—1127）某年十二月二日葬。
文獻著録： 三門峽市文物工作隊編《北宋陝州漏澤園》，文物出版社，1999 年版，第 116 頁；胡海帆、湯燕編《中國古代磚刻銘文集》，文物出版社，2008 年版，上册第 382 頁、下册第 261 頁。
出土情況： 1985 年至 1994 年間河南省三門峽市上村嶺向陽村出土。

録文： 光字號。本府保捷弟十九//指揮弟三都兵士桯吉，年//約二十二三，十二月初一日撿驗//了當，十二月初二日依//條立峰，葬埋記識訖。

甘吉墓記磚　北宋（960—1127）某年十二月三日

名稱：甘吉墓記磚（菓字號）
文獻形態：墓磚長、寬均 27 厘米，厚 3.5 厘米。誌文行書 5 行 49 字。
卒葬時間：北宋（960—1127）某年十二月三日葬。
文獻著録：三門峽市文物工作隊編《北宋陝州漏澤園》，文物出版社，1999 年版，第 117 頁；胡海帆、湯燕編《中國古代磚刻銘文集》，文物出版社，2008 年版，上册第 382 頁、下册第 261—262 頁。
出土情況：1985 年至 1994 年間河南省三門峽市上村嶺向陽村出土。

録文：菓字號。東京水虎翼指//揮軍人甘吉，年約五十一二，於//府院身[死]，十二月初二日撿//驗了當，十二月初三日依//條立峰，葬埋記識訖。

孫貴墓記磚（李字號，第一種） 北宋（960—1127）某年十二月四日

名稱： 孫貴墓記磚（李字號，第一種）

文獻形態： 墓磚長 25.5 厘米，寬 20 厘米，厚 3.5 厘米。誌文行書 6 行 59 字。

卒葬時間： 北宋（960—1127）某年十二月四日葬。

文獻著録： 三門峽市文物工作隊編《北宋陝州漏澤園》，文物出版社，1999 年版，第 118 頁；胡海帆、湯燕編《中國古代磚刻銘文集》，文物出版社，2008 年版，上册第 382 頁、下册第 262 頁。

出土情況： 1985 年至 1994 年間河南省三門峽市上村嶺向陽村出土。

録文： 李字號。保捷弟十五指揮人//孫貴，年約四十五六，係府界陳//留縣廣勇弟七指揮改//刺營，十二月初三日撿驗了//當，十二月初四日依//條立峰，葬埋記識訖。

孫貴墓記磚（李字號，第二種） 北宋（960—1127）某年十二月四日

名稱： 孫貴墓記磚（李字號，第二種）

文獻形態： 墓磚長 25 厘米，寬 20 厘米，厚 3.5 厘米。誌文行書 6 行 60 字。

卒葬時間： 北宋（960—1127）某年十二月四日葬。

文獻著録： 三門峽市文物工作隊編《北宋陝州漏澤園》，文物出版社，1999 年版，第 119 頁；胡海帆、湯燕編《中國古代磚刻銘文集》，文物出版社，2008 年版，上册第 383 頁、下册第 262 頁。

出土情況： 1985 年至 1994 年間河南省三門峽市上村嶺向陽村出土。

録文： 李字號。保捷弟十五指揮//軍人孫貴，年約四十五六，係府//界陳留縣廣勇弟七指揮//改刺營，十二月初三日撿驗了//當，十二月初四日依//條立峰，葬埋記識訖。

王信墓記磚　北宋（960—1127）某年十二月四日

名稱：王信墓記磚（柰字號）
文獻形態：墓磚長25厘米，寬20厘米，厚3.5厘米。誌文行書6行58字。
卒葬時間：北宋（960—1127）某年十二月四日葬。
文獻著録：三門峽市文物工作隊編《北宋陝州漏澤園》，文物出版社，1999年版，第120頁；胡海帆、湯燕編《中國古代磚刻銘文集》，文物出版社，2008年版，上册第383頁、下册第262頁。
出土情況：1985年至1994年間河南省三門峽市上村嶺向陽村出土。

録文：柰字號。壕寨司寄役//逃軍王信，年約三十四五，係鳳//翔府天興縣人，於東門遞鋪//身死，十二月初三日撿驗了當，//十二月初四日依//條立峰，葬埋記識訖。

高進墓記磚　北宋（960—1127）某年十二月四日

名稱：高進墓記磚（乙丑白字號）
文獻形態：墓磚長、寬均31.5厘米，厚5厘米。誌文行書4行24字。
卒葬時間：北宋（960—1127）某年十二月四日葬。
文獻著録：三門峽市文物工作隊編《北宋陝州漏澤園》，文物出版社，1999年版，第323頁；胡海帆、湯燕編《中國古代磚刻銘文集》，文物出版社，2008年版，上册第431頁、下册第301頁。
出土情況：1985年至1994年間河南省三門峽市上村嶺向陽村出土。

録文：乙丑白。横渠社人//抬到身死兵士高//進，十二月初四日//葬埋訖。

大張進墓記磚　北宋（960—1127）某年十二月六日

名稱：大張進墓記磚（菜字號）
文獻形態：墓磚長25厘米，寬17厘米，厚3.5厘米。誌文行書5行46字。
卒葬時間：北宋（960—1127）某年十二月六日葬。
文獻著録：三門峽市文物工作隊編《北宋陝州漏澤園》，文物出版社，1999年版，第121頁；胡海帆、湯燕編《中國古代磚刻銘文集》，文物出版社，2008年版，上册第383頁、下册第262頁。
出土情況：1985年至1994年間河南省三門峽市上村嶺向陽村出土。

録文：菜字號。本府南新店馬鋪//兵士大張進，年約四十四五，十二月//初五日撿驗了當，十二月初//六日依//條立峰，葬埋記識訖。

無名氏墓記磚（甲子念字號，第一種）　北宋（960—1127）某年十二月六日

名稱：無名氏墓記磚（甲子念字號，第一種）
文獻形態：墓磚長31厘米，寬30.5厘米，厚5厘米。誌文行書5行44字。
卒葬時間：北宋（960—1127）某年十二月六日葬。
文獻著録：三門峽市文物工作隊編《北宋陝州漏澤園》，文物出版社，1999年版，第197頁；胡海帆、湯燕編《中國古代磚刻銘文集》，文物出版社，2008年版，上册第401頁、下册第277頁。
出土情況：1985年至1994年間河南省三門峽市上村嶺向陽村出土。

録文：念字號。鐕驛前西磚臺//上身死，年約四十四五歲，十//二月初五日撿驗了當，十//二月初六日依//條立峰，葬埋記識訖。

無名氏墓記磚（甲子念字號，第二種） 北宋（960—1127）某年十二月六日

名稱： 無名氏墓記磚（甲子念字號，第二種）

文獻形態： 墓磚長 31 厘米，寬 30.5 厘米，厚 5 厘米。誌文行書 5 行 44 字。

卒葬時間： 北宋（960—1127）某年十二月六日葬。

文獻著録： 三門峽市文物工作隊編《北宋陝州漏澤園》，文物出版社，1999 年版，第 198 頁；胡海帆、湯燕編《中國古代磚刻銘文集》，文物出版社，2008 年版，上册第 401 頁、下册第 277—278 頁。

出土情況： 1985 年至 1994 年間河南省三門峽市上村嶺向陽村出土。

録文： 念字號。鏳驛前西磚臺//上身死，年約四十四五歲，十二//月初五日撿驗了當，十二月//初六日依//條立峰，葬埋記識訖。

無名氏兵士墓記磚（甲子營字號） 北宋（960—1127）某年十二月十日

名稱： 無名氏兵士墓記磚（甲子營字號）

文獻形態： 墓磚長、寬均 30 厘米，厚 5 厘米。誌文行書 5 行殘存 32 字。

卒葬時間： 北宋（960—1127）某年十二月十日葬。

文獻著録： 三門峽市文物工作隊編《北宋陝州漏澤園》，文物出版社，1999 年版，第 298 頁；胡海帆、湯燕編《中國古代磚刻銘文集》，文物出版社，2008 年版，上册第 425 頁、下册第 296 頁。

出土情況： 1985 年至 1994 年間河南省三門峽市上村嶺向陽村出土。

録文： 甲子營。司户頭子抬//舁到河中府滎河縣//巡撿下兵士［下缺］//二月十日撿驗［下缺］，//當日葬埋訖。

張宣墓記磚　北宋（960—1127）某年十二月十四日

名稱：張宣墓記磚（淡字號）

文獻形態：墓磚長25厘米，寬20厘米，厚3.5厘米。誌文行書5行42字。

卒葬時間：北宋（960—1127）某年十二月十四日葬。

文獻著録：三門峽市文物工作隊編《北宋陝州漏澤園》，文物出版社，1999年版，第122頁；胡海帆、湯燕編《中國古代磚刻銘文集》，文物出版社，2008年版，上册第383頁下册第263頁。

出土情況：1985年至1994年間河南省三門峽市上村嶺向陽村出土。

録文：淡字號。牢城弟十指揮十//分兵士張宣，年二十六七，//十二月十三日撿驗了當，//十四日依//條立峰，葬埋記識訖。

李菜墓記磚　北宋（960—1127）某年十二月十六日

名稱：李菜墓記磚（潛字號）

文獻形態：墓磚長、寬均26厘米，厚3厘米。誌文行書6行51字。

卒葬時間：北宋（960—1127）某年十二月十六日葬。

文獻著録：三門峽市文物工作隊編《北宋陝州漏澤園》，文物出版社，1999年版，第123頁；胡海帆、湯燕編《中國古代磚刻銘文集》，文物出版社，2008年版，上册第384頁、下册第263頁。

出土情況：1985年至1994年間河南省三門峽市上村嶺向陽村出土。

録文：潛字號。磁鍾遞鋪兵士//李菜，年約三十七八，係青州//人事，改刺到鋪，十二月十//五日撿驗了當，十二月十六//□依//條立峰，葬埋記識訖。

張進墓記磚　北宋（960—1127）某年十二月十六日

名稱：張進墓記磚（羽字號）

文獻形態：墓磚長 25.5 厘米，寬 20 厘米，厚 4 厘米。誌文行書 5 行 52 字。

卒葬時間：北宋（960—1127）某年十二月十六日葬。

文獻著録：三門峽市文物工作隊編《北宋陝州漏澤園》，文物出版社，1999 年版，第 124 頁；胡海帆、湯燕編《中國古代磚刻銘文集》，文物出版社，2008 年版，上册第 384 頁、下册第 263 頁。

出土情況：1985 年至 1994 年間河南省三門峽市上村嶺向陽村出土。

録文：羽字號。磁鍾遞鋪兵士張//進，年約三十一二，係商州牢城//□□□到鋪，十二月十五日撿//驗了當，十二月十六日依//條立峰，葬埋記識訖。

毛過墓記磚　北宋（960—1127）某年十二月十八日

名稱：毛過墓記磚（甲子翔字號）

文獻形態：墓磚長 31 厘米，寬 15 厘米，厚 5 厘米。誌文行書 3 行 20 字。

卒葬時間：北宋（960—1127）某年十二月十八日葬。

文獻著録：三門峽市文物工作隊編《北宋陝州漏澤園》，文物出版社，1999 年版，第 125 頁；胡海帆、湯燕編《中國古代磚刻銘文集》，文物出版社，2008 年版，上册第 384 頁、下册第 263 頁。

出土情況：1985 年至 1994 年間河南省三門峽市上村嶺向陽村出土。

録文：甲子翔。本府壯成兵//士毛過，十二月十八日收//葬訖。

張聰墓記磚（龍字號，第一種） 北宋（960—1127）某年十二月十八日

名稱：張聰墓記磚（龍字號，第一種）

文獻形態：墓磚長、寬均 26.5 厘米，厚 4 厘米。誌文行書 5 行 44 字。

卒葬時間：北宋（960—1127）某年十二月十八日葬。

文獻著録：三門峽市文物工作隊編《北宋陝州漏澤園》，文物出版社，1999 年版，第 126 頁；胡海帆、湯燕編《中國古代磚刻銘文集》，文物出版社，2008 年版，上册第 384 頁、下册第 263—264 頁。

出土情況：1985 年至 1994 年間河南省三門峽市上村嶺向陽村出土。

録文：龍字號。魏店解成家//店内身死百姓張聰，係//潭州人，十二月十七撿驗了當，//十二月十八日依//條立峰，葬埋記識訖。

張聰墓記磚（龍字號，第二種） 北宋（960—1127）某年十二月十八日

名稱：張聰墓記磚（龍字號，第二種）

文獻形態：墓磚長、寬均 27 厘米，厚 4 厘米。誌文行書 5 行 43 字。

卒葬時間：北宋（960—1127）某年十二月十八日葬。

文獻著録：三門峽市文物工作隊編《北宋陝州漏澤園》，文物出版社，1999 年版，第 127 頁；胡海帆、湯燕編《中國古代磚刻銘文集》，文物出版社，2008 年版，上册第 385 頁、下册第 264 頁。

出土情況：1985 年至 1994 年間河南省三門峽市上村嶺向陽村出土。

録文：龍字號。魏店解成家店内//身死百姓張聰，係潭州//人，十二月十七撿驗了當，十//二月十八日依//條立峰，葬埋記識訖。

成吉墓記磚　北宋（960—1127）某年十二月十八日

名稱：成吉墓記磚（師字號）
文獻形態：墓磚長、寬均 26.5 厘米，厚 4 厘米。誌文行書 6 行 52 字。
卒葬時間：北宋（960—1127）某年十二月十八日葬。
文獻著録：三門峽市文物工作隊編《北宋陝州漏澤園》，文物出版社，1999 年版，第 128 頁；胡海帆、湯燕編《中國古代磚刻銘文集》，文物出版社，2008 年版，上册第 385 頁、下册第 264 頁。
出土情況：1985 年至 1994 年間河南省三門峽市上村嶺向陽村出土。

録文：師字號。壕寨司寄役//陳留縣橋道弟六指揮//兵士成吉，年約三十一二，十二月//十七日撿驗了當，十二月十八//日依//條立峰，葬埋記識訖。

張文墓記磚　北宋（960—1127）某年十二月十九日

名稱：張文墓記磚（帝字號）
文獻形態：墓磚長 27 厘米，寬 27.5 厘米，厚 3 厘米。誌文行書 5 行 45 字。
卒葬时间：北宋（960—1127）某年十二月十九日葬。
文獻著録：三門峽市文物工作隊編《北宋陝州漏澤園》，文物出版社，1999 年版，第 130 頁；胡海帆、湯燕編《中國古代磚刻銘文集》，文物出版社，2008 年版，上册第 385 頁、下册第 264 頁。
出土情況：1985 年至 1994 年間河南省三門峽市上村嶺向陽村出土。

録文：帝字號。本府南新店遞//鋪兵士張文，年約四十四五，十//二月十八日撿驗了當，十二月十//九日依//條立峰，葬埋記識訖。

□進墓記磚　北宋（960—1127）某年十二月十九日

名稱：□進墓記磚（鳥字號）
文獻形態：墓磚長、寬均 31.5 厘米，厚 5 厘米。誌文行書 6 行，残存 45 字。
卒葬时间：北宋（960—1127）某年十二月十九日葬。
文獻著録：三門峽市文物工作隊編《北宋陝州漏澤園》，文物出版社，1999 年版，第 131 頁；胡海帆、湯燕編《中國古代磚刻銘文集》，文物出版社，2008 年版，上册第 386 頁、下册第 264—265 頁。
出土情況：1985 年至 1994 年間河南省三門峽市上村嶺向陽村出土。

録文：鳥字號。保捷［下缺］//揮寄招熙河路［下缺］//進，年一十八九，閿鄉縣解［下缺］//二月十八日撿驗了當，十二月//十九日依//條立峰，葬埋記識訖。

徐泰墓記磚　北宋（960—1127）某年十二月二十日

名稱：徐泰墓記磚（甲子傾字號）
文獻形態：墓磚長 30 厘米，寬 31 厘米，厚 5 厘米。誌文行書 5 行 40 字。
卒葬時間：北宋（960—1127）某年十二月二十日葬。
文獻著録：三門峽市文物工作隊編《北宋陝州漏澤園》，文物出版社，1999 年版，第 299 頁；胡海帆、湯燕編《中國古代磚刻銘文集》，文物出版社，2008 年版，上册第 425 頁、下册第 296 頁。
出土情況：1985 年至 1994 年間河南省三門峽市上村嶺向陽村出土。

録文：甲子傾。使衙判送下在//州安濟坊狀抬舁到并//州斷配同州牢城徐泰，//十二月二十日收管，當日//葬埋訖。

阿皇墓記磚（官字號，第一種） 北宋（960—1127）某年十二月二十日

名稱：阿皇墓記磚（官字號，第一種）

文獻形態：墓磚長25厘米，寬20厘米，厚3.5厘米。誌文行書5行49字。

卒葬时间：北宋（960—1127）某年十二月二十日葬。

文獻著録：三門峽市文物工作隊編《北宋陝州漏澤園》，文物出版社，1999年版，第132頁；胡海帆、湯燕編《中國古代磚刻銘文集》，文物出版社，2008年版，上册第386頁、下册第265頁。

出土情況：1985年至1994年間河南省三門峽市上村嶺向陽村出土。

録文：官字號。本府永定厢婦//人阿皇，年約七十三四，於仁//先院身死，十二月十九日撿//驗了當，十二月二十日依//條立峰，葬埋記識訖。

阿皇墓記磚（官字號，第二種） 北宋（960—1127）某年十二月二十日

名稱：阿皇墓記磚（官字號，第二種）

文獻形態：墓磚長25.5厘米，寬20厘米，厚4厘米。誌文行書5行49字。

卒葬时间：北宋（960—1127）某年十二月二十日葬。

文獻著録：三門峽市文物工作隊編《北宋陝州漏澤園》，文物出版社，1999年版，第133頁；胡海帆、湯燕編《中國古代磚刻銘文集》，文物出版社，2008年版，上册第386頁、下册第265頁。

出土情況：1985年至1994年間河南省三門峽市上村嶺向陽村出土。

録文：官字號。本府永定厢婦//人阿皇，年約七十三四，於仁//先院身死，十二月十九日撿//驗了當，十二月二十日依//條立峰，葬埋記識訖。

王德墓記磚（人字號，第一種） 北宋（960—1127）某年十二月二十日

名稱： 王德墓記磚（人字號，第一種）
文獻形態： 墓磚長、寬均 30 厘米，厚 5 厘米。誌文行書 5 行 43 字。
卒葬时间： 北宋（960—1127）某年十二月二十日葬。
文獻著録： 三門峽市文物工作隊編《北宋陝州漏澤園》，文物出版社，1999 年版，第 134 頁；胡海帆、湯燕編《中國古代磚刻銘文集》，文物出版社，2008 年版，上册第 386 頁、下册第 265 頁。
出土情況： 1985 年至 1994 年間河南省三門峽市上村嶺向陽村出土。

録文： 人字號。本府壯城指揮//兵士王德，年約三十四五，十//二月十九日撿驗了當，十//二月二十依//條立峰，葬埋記識訖。

王德墓記磚（人字號，第二種） 北宋（960—1127）某年十二月二十日

名稱： 王德墓記磚（人字號，第二種）
文獻形態： 墓磚長、寬均 30 厘米，厚 5 厘米。誌文行書 5 行 44 字。
卒葬时间： 北宋（960—1127）某年十二月二十日葬。
文獻著録： 三門峽市文物工作隊編《北宋陝州漏澤園》，文物出版社，1999 年版，第 135 頁；胡海帆、湯燕編《中國古代磚刻銘文集》，文物出版社，2008 年版，上册第 387 頁、下册第 265 頁。
出土情況： 1985 年至 1994 年間河南省三門峽市上村嶺向陽村出土。

録文： 人字號。本府壯城指揮//兵士王德，年約三十四[五]，//十二月十九日撿驗了當，//十二月二十日依//條立峰，葬埋記識訖。

王德墓記磚（甲子人字號，第三種） 北宋（960—1127）某年十二月二十日

名稱： 王德墓記磚（甲子人字號，第三種）
文獻形態： 墓磚長 30 厘米，寬 16 厘米，厚 5 厘米。誌文行書 3 行 32 字。
卒葬时间： 北宋（960—1127）某年十二月二十日葬。
文獻著録： 三門峽市文物工作隊編《北宋陝州漏澤園》，文物出版社，1999 年版，第 136 頁；胡海帆、湯燕編《中國古代磚刻銘文集》，文物出版社，2008 年版，上册第 387 頁、下册第 265—266 頁。
出土情況： 1985 年至 1994 年間河南省三門峽市上村嶺向陽村出土。

録文： 甲子人。本府壯城指揮兵士//王德，十二月十九日撿驗了//當，十二月二十日葬埋記。

王德墓記磚（甲子人字號，第四種） 北宋（960—1127）某年十二月二十日

名稱： 王德墓記磚（甲子人字號，第四種）
文獻形態： 墓磚長 31 厘米，寬 15 厘米，厚 3 厘米。誌文行書 3 行 20 字。
卒葬时间： 北宋（960—1127）某年十二月二十日葬。
文獻著録： 三門峽市文物工作隊編《北宋陝州漏澤園》，文物出版社，1999 年版，第 137 頁；胡海帆、湯燕編《中國古代磚刻銘文集》，文物出版社，2008 年版，上册第 387 頁、下册第 266 頁。
出土情況： 1985 年至 1994 年間河南省三門峽市上村嶺向陽村出土。

録文： 甲子人。本府壯城兵//士王德，十二月二十日//收葬訖。

張和墓記磚（皇字號，第一種） 北宋（960—1127）某年十二月二十日

名稱：張和墓記磚（皇字號，第一種）

文獻形態：墓磚長、寬均 30.5 厘米，厚 5 厘米。誌文行書 6 行 52 字。

卒葬时间：北宋（960—1127）某年十二月二十日葬。

文獻著録：三門峽市文物工作隊編《北宋陝州漏澤園》，文物出版社，1999 年版，第 138 頁；胡海帆、湯燕編《中國古代磚刻銘文集》，文物出版社，2008 年版，上册第 387 頁、下册第 266 頁。

出土情况：1985 年至 1994 年間河南省三門峽市上村嶺向陽村出土。

録文：皇字號。兵士張和，年約//三十八九，係安州效忠弟八//指揮，南新店身死，十二//月十九日撿驗了當，十二月//二十日依//條立峰，葬埋記識訖。

張和墓記磚（皇字號，第二種） 北宋（960—1127）某年十二月二十日

名稱：張和墓記磚（皇字號，第二種）

文獻形態：墓磚長、寬均 30.5 厘米，厚 5 厘米。誌文行書 6 行 50 字。

卒葬时间：北宋（960—1127）某年十二月二十日葬。

文獻著録：三門峽市文物工作隊編《北宋陝州漏澤園》，文物出版社，1999 年版，第 139 頁；胡海帆、湯燕編《中國古代磚刻銘文集》，文物出版社，2008 年版，上册第 388 頁、下册第 266 頁。

出土情况：1985 年至 1994 年間河南省三門峽市上村嶺向陽村出土。

録文：皇字號。兵士張和，年約//三十八九，係安州效忠弟八//指揮，南新店身死，十//二月十九日撿驗了當，十二月//二十日依//條立峰，葬埋記識訖。

符千墓記磚　北宋（960—1127）某年十二月二十四日

名稱：符千墓記磚（甲子理字號）
文獻形態：墓磚長 30 厘米，寬 15 厘米，厚 5 厘米。誌文行書 3 行 31 字。
卒葬时间：北宋（960—1127）某年十二月二十四日葬。
文獻著録：三門峽市文物工作隊編《北宋陝州漏澤園》，文物出版社，1999 年版，第 331 頁；胡海帆、湯燕編《中國古代磚刻銘文集》，文物出版社，2008 年版，上册第 430 頁、下册第 300 頁。
出土情況：河南省三門峽市上村嶺向陽村出土。采集品，出土時間不詳。

録文：甲子理。使衙判送下在州∥安濟坊狀，□到本府百∥姓符千，十二月二十四日收葬。

阿馬墓記磚（制字號，第一種）　北宋（960—1127）某年十二月二十六日

名稱：阿馬墓記磚（制字號，第一種）
文獻形態：墓磚長、寬均 30 厘米，厚 5 厘米。誌文行書 5 行 48 字。
卒葬时间：北宋（960—1127）某年十二月二十六日葬。
文獻著録：三門峽市文物工作隊編《北宋陝州漏澤園》，文物出版社，1999 年版，第 140 頁；胡海帆、湯燕編《中國古代磚刻銘文集》，文物出版社，2008 年版，上册第 388 頁、下册第 266 頁。
出土情況：1985 年至 1994 年間河南省三門峽市上村嶺向陽村出土。

録文：制字號。據賈貴抬舁到∥婦人阿馬，年四十二歲，左厢貧∥子院身死，係本府夏縣人事，∥十二月二十六日依∥條立峰，葬埋記識訖。

阿馬墓記磚（制字號，第二種） 北宋（960—1127）某年十二月二十六日

名稱：阿馬墓記磚（制字號，第二種）
文獻形態：墓磚長、寬均 30 厘米，厚 5 厘米。誌文行書 5 行 48 字。
卒葬时间：北宋（960—1127）某年十二月二十六日葬。
文獻著録：三門峽市文物工作隊編《北宋陝州漏澤園》，文物出版社，1999 年版，第 141 頁；胡海帆、湯燕編《中國古代磚刻銘文集》，文物出版社，2008 年版，上册第 388 頁、下册第 267 頁。
出土情況：1985 年至 1994 年間河南省三門峽市上村嶺向陽村出土。

録文：制字號。據賈貴抬舁//到婦人阿馬，年四十二歲，左厢//貧子院身死，係本府夏//縣人事，十二月二十六日依//條立峰，葬埋記識訖。

無名氏軍人墓記磚（文字號，第一種） 北宋（960—1127）某年十二月二十六日

名稱：無名氏軍人墓記磚（文字號，第一種）
文獻形態：墓磚長、寬均 30 厘米，厚 5 厘米。誌文行書 4 行 38 字。
卒葬时间：北宋（960—1127）某年十二月二十六日葬。
文獻著録：三門峽市文物工作隊編《北宋陝州漏澤園》，文物出版社，1999 年版，第 142 頁；胡海帆、湯燕編《中國古代磚刻銘文集》，文物出版社，2008 年版，上册第 388 頁、下册第 267 頁。
出土情況：1985 年至 1994 年間河南省三門峽市上村嶺向陽村出土。

録文：文字號。不知姓名年幾//軍人，十二月二十五日撿驗//了當，十二月二十六日依//條立峰，葬埋記識訖。

無名氏軍人墓記磚（文字號，第二種） 北宋（960—1127）某年十二月二十六日

名稱： 無名氏軍人墓記磚（文字號，第二種）

文獻形態： 墓磚長、寬均 30 厘米，厚 5 厘米。誌文行書 4 行 38 字。

卒葬时间： 北宋（960—1127）某年十二月二十六日葬。

文獻著録： 三門峽市文物工作隊編《北宋陝州漏澤園》，文物出版社，1999 年版，第 143 頁；胡海帆、湯燕編《中國古代磚刻銘文集》，文物出版社，2008 年版，上册第 389 頁、下册第 267 頁。

出土情況： 1985 年至 1994 年間河南省三門峽市上村嶺向陽村出土。

録文： 文字號。不知姓名年幾//軍人，十二月二十五日撿驗了//當，十二月二十六日依//條立峰，葬埋記識訖。

楊元墓記磚（字字號，第一種） 北宋（960—1127）某年十二月二十七日

名稱： 楊元墓記磚（字字號，第一種）

文獻形態： 墓磚長、寬均 30 厘米，厚 5 厘米。誌文行書 6 行 54 字。

卒葬时间： 北宋（960—1127）某年十二月二十七日葬。

文獻著録： 三門峽市文物工作隊編《北宋陝州漏澤園》，文物出版社，1999 年版，第 144 頁；胡海帆、湯燕編《中國古代磚刻銘文集》，文物出版社，2008 年版，上册第 389 頁、下册第 267 頁。

出土情況： 1985 年至 1994 年間河南省三門峽市上村嶺向陽村出土。

録文： 字字號。駐泊司寄役身//死兵楊元，年約二十八九，係//東京水虎翼指揮，十二//月二十六日撿驗了當，十二//月二十七日依//條立峰，葬埋記識訖。

楊元墓記磚（字字號，第二種） 北宋（960—1127）某年十二月二十七日

名稱：楊元墓記磚（字字號，第二種）
文獻形態：墓磚長、寬均 30 厘米，厚 5 厘米。誌文行書 6 行 46 字。
卒葬时间：北宋（960—1127）某年十二月二十七日葬。
文獻著録：三門峽市文物工作隊編《北宋陝州漏澤園》，文物出版社，1999 年版，第 145 頁；胡海帆、湯燕編《中國古代磚刻銘文集》，文物出版社，2008 年版，上册第 389 頁、下册第 267—268 頁。
出土情況：1985 年至 1994 年間河南省三門峽市上村嶺向陽村出土。

録文：字字號。駐泊司寄役身//死兵楊元，年約二十八九，//係東京水虎翼指揮，十//二月二十六日撿驗了當，十二月//二十七日依//條立峰，葬埋記識訖。

無名氏軍人墓記磚（傳字號，第一種） 北宋（960—1127）某年十二月二十七日

名稱：無名氏軍人墓記磚（傳字號，第一種）
文獻形態：墓磚長 30.5 厘米，寬 30 厘米，厚 5 厘米。誌文行書 3 行 30 字。
卒葬时间：北宋（960—1127）某年十二月二十七日葬。
文獻著録：三門峽市文物工作隊編《北宋陝州漏澤園》，文物出版社，1999 年版，第 208 頁；胡海帆、湯燕編《中國古代磚刻銘文集》，文物出版社，2008 年版，上册第 401 頁、下册第 278 頁。
出土情況：1985 年至 1994 年間河南省三門峽市上村嶺向陽村出土。

録文：傳字號。磁鍾身死不知//姓名軍人，年約二十三四歲，//十二月二十七日葬埋記。

無名氏軍人墓記磚（傳字號，第二種） 北宋（960—1127）某年十二月二十七日

名稱：無名氏軍人墓記磚（傳字號，第二種）
文獻形態：墓磚長 30.5 厘米，寬 30 厘米，厚 5 厘米。誌文行書 3 行 30 字。
卒葬时间：北宋（960—1127）某年十二月二十七日葬。
文獻著録：三門峽市文物工作隊編《北宋陜州漏澤園》，文物出版社，1999 年版，第 209 頁；胡海帆、湯燕編《中國古代磚刻銘文集》，文物出版社，2008 年版，上册第 402 頁、下册第 278 頁。
出土情況：1985 年至 1994 年間河南省三門峽市上村嶺向陽村出土。

録文：傳字號。磁鍾身死不知//姓名軍人，年約二十三四//歲，十二月二十七日葬埋記。

董成墓記磚（乃字號，第一種） 北宋（960—1127）某年十二月二十七日

名稱：董成墓記磚（乃字號，第一種）
文獻形態：墓磚長 31 厘米，寬 30 厘米，厚 5 厘米。誌文行書 7 行 62 字。
卒葬时间：北宋（960—1127）某年十二月二十七日葬。
文獻著録：三門峽市文物工作隊編《北宋陜州漏澤園》，文物出版社，1999 年版，第 146 頁；胡海帆、湯燕編《中國古代磚刻銘文集》，文物出版社，2008 年版，上册第 389 頁、下册第 268 頁。
出土情況：1985 年至 1994 年間河南省三門峽市上村嶺向陽村出土。

録文：乃字號。安濟坊寄留//身死兵士董成，年約//五十一二，係東京弟一//將下廣捷弟二十一指//揮，十二月二十六日撿驗//了當，十二月二十七日依//條立峰，葬埋記識訖。

董成墓記磚（乃字號，第二種） 北宋（960—1127）某年十二月二十七日

名稱：董成墓記磚（乃字號，第二種）
文獻形態：墓磚長 30.5 厘米，寬 30 厘米，厚 5 厘米。誌文行書 7 行 62 字。
卒葬时间：北宋（960—1127）某年十二月二十七日葬。
文獻著録：三門峽市文物工作隊編《北宋陜州漏澤園》，文物出版社，1999 年版，第 147 頁；胡海帆、湯燕編《中國古代磚刻銘文集》，文物出版社，2008 年版，上册第 390 頁、下册第 268 頁。
出土情況：1985 年至 1994 年間河南省三門峽市上村嶺向陽村出土。

録文：乃字號。安坊濟寄留身//死兵士董成，年約五十一二，//係東京弟一將下廣捷//弟二十一指揮，十二月二十//六日撿驗了當，十二月二十//七日依條立峰，葬埋記識訖。

賈全墓記磚 北宋（960—1127）某年十二月二十八日

名稱：賈全墓記磚（服字號）
文獻形態：墓磚長 30.5 厘米，寬 30 厘米，厚 5 厘米。誌文行書 5 行 47 字。
卒葬时间：北宋（960—1127）某年十二月二十八日葬。
文獻著録：三門峽市文物工作隊編《北宋陜州漏澤園》，文物出版社，1999 年版，第 148 頁；胡海帆、湯燕編《中國古代磚刻銘文集》，文物出版社，2008 年版，上册第 390 頁、下册第 268 頁。
出土情況：1985 年至 1994 年間河南省三門峽市上村嶺向陽村出土。

録文：服字號。百姓賈全，年//約五十一二，係降州稷山縣人，十二月二十七日撿驗了當，//十二月二十八日依//條立峰，葬埋記識訖。

張德墓記磚（衣字號，第一種） 北宋（960—1127）某年十二月二十八日

名稱： 張德墓記磚（衣字號，第一種）
文獻形態： 墓磚長、寬均30厘米，厚5厘米。誌文行書5行53字。
卒葬时间： 北宋（960—1127）某年十二月二十八日葬。
文獻著録： 三門峽市文物工作隊編《北宋陝州漏澤園》，文物出版社，1999年版，第149頁；胡海帆、湯燕編《中國古代磚刻銘文集》，文物出版社，2008年版，上册第390頁、下册第268頁。
出土情況： 1985年至1994年間河南省三門峽市上村嶺向陽村出土。

録文： 衣字號。不知軍分兵士張德，//年約五十一二，城東厢楊家//店内身死，十二月二十七日撿驗//了當，十二月二十八日依//條立峰，葬埋記識訖。

張德墓記磚（衣字號，第二種） 北宋（960—1127）某年十二月二十八日

名稱： 張德墓記磚（衣字號，第二種）
文獻形態： 墓磚長28厘米，寬20厘米，厚5厘米。誌文行書5行52字。
卒葬时间： 北宋（960—1127）某年十二月二十八日葬。
文獻著録： 三門峽市文物工作隊編《北宋陝州漏澤園》，文物出版社，1999年版，第150頁；胡海帆、湯燕編《中國古代磚刻銘文集》，文物出版社，2008年版，上册第390頁、下册第269頁。
出土情況： 1985年至1994年間河南省三門峽市上村嶺向陽村出土。

録文： 衣字號。不知軍分兵士張德，//年約五十一二，城東厢楊家店//内身死，十二月二十七日撿驗了//當，十二月二十八日依//條立峰，葬記識訖。

香麦墓記磚　北宋（960—1127）某年十二月二十九日

名稱：香麦墓記磚（位字號）
文獻形態：墓磚長 28 厘米，寬 20 厘米，厚 4 厘米。誌文行書 5 行 53 字。
卒葬时间：北宋（960—1127）某年十二月二十九日葬。
文獻著録：三門峽市文物工作隊編《北宋陝州漏澤園》，文物出版社，1999 年版，第 154 頁；胡海帆、湯燕編《中國古代磚刻銘文集》，文物出版社，2008 年版，上册第 391 頁、下册第 269 頁。
出土情況：1985 年至 1994 年間河南省三門峽市上村嶺向陽村出土。

録文：位字號。遞送配軍番部//香麦，年約四十一二，城東廂//楊乂店内身死，十二月二十八日//撿驗了當，十二月二十九日依//條立峰，葬埋記識訖。

無名氏軍人墓記磚（國字號）　北宋（960—1127）某年十二月二十九日

名稱：無名氏軍人墓記磚（國字號）
文獻形態：墓磚長、寬均 30.5 厘米，厚 5 厘米。誌文行書 5 行 46 字。
卒葬时间：北宋（960—1127）某年十二月二十九日葬。
文獻著録：三門峽市文物工作隊編《北宋陝州漏澤園》，文物出版社，1999 年版，第 157 頁；胡海帆、湯燕編《中國古代磚刻銘文集》，文物出版社，2008 年版，上册第 391 頁、下册第 269 頁。
出土情況：1985 年至 1994 年間河南省三門峽市上村嶺向陽村出土。

録文：國字號。不知[姓]名軍人，年//約四十三四，磁鍾身死，十二月//二十八日撿驗了當，十二月二//十九日依//條立峰，葬埋記識訖。

柴安兒墓記磚　北宋（960—1127）某年十二月二十九日

名稱： 柴安兒墓記磚（堂字號）
文獻形態： 墓磚長、寬均 30.5 厘米，厚 5 厘米。誌文行書 3 行 23 字。
卒葬时间： 北宋（960—1127）某年十二月二十九日葬。
文獻著録： 三門峽市文物工作隊編《北宋陝州漏澤園》，文物出版社，1999 年版，第 210 頁；胡海帆、湯燕編《中國古代磚刻銘文集》，文物出版社，2008 年版，上册第 402 頁、下册第 278 頁。
出土情況： 1985 年至 1994 年間河南省三門峽市上村嶺向陽村出土。

録文： 堂字號。東京百姓柴//安兒，年九歲，十二月二十九//日葬埋記。

阿李墓記磚　北宋（960—1127）某年十二月二十九日

名稱： 阿李墓記磚（習字號）
文獻形態： 墓磚長、寬均 30.5 厘米，厚 5 厘米。誌文行書 3 行 24 字。
卒葬時間： 北宋（960—1127）某年十二月二十九日葬。
文獻著録： 三門峽市文物工作隊編《北宋陝州漏澤園》，文物出版社，1999 年版，第 212 頁；胡海帆、湯燕編《中國古代磚刻銘文集》，文物出版社，2008 年版，上册第 402 頁、下册第 278—279 頁。
出土情況： 1985 年至 1994 年間河南省三門峽市上村嶺向陽村出土。

録文： 習字號。本府婦人阿李，//年四十二歲，十二月二十九日//葬埋記。

張亨墓記磚　北宋（960—1127）某年十二月三十日

名稱：張亨墓記磚（甲子感字號）

文獻形態：墓磚長 30 厘米，寬 15.5 厘米，厚 5 厘米。誌文行書 5 行 40 字。

卒葬時間：北宋（960—1127）某年十二月三十日葬。

文獻著録：三門峽市文物工作隊編《北宋陝州漏澤園》，文物出版社，1999 年版，第 300 頁；胡海帆、湯燕編《中國古代磚刻銘文集》，文物出版社，2008 年版，上册第 425 頁、下册第 296 頁。

出土情況：1985 年至 1994 年間河南省三門峽市上村嶺向陽村出土。

録文：甲子感。本縣尉頭子抬到//東門遞鋪兵士張亨，十二//月三十日收葬。

許乂墓記磚　北宋（960—1127）某年十二月三十日

名稱：許乂墓記磚（聽字號）

文獻形態：墓磚長、寬均 30.5 厘米，厚 5 厘米。誌文行書 3 行 27 字。

卒葬時間：北宋（960—1127）某年十二月三十日葬。

文獻著録：三門峽市文物工作隊編《北宋陝州漏澤園》，文物出版社，1999 年版，第 213 頁；胡海帆、湯燕編《中國古代磚刻銘文集》，文物出版社，2008 年版，上册第 403 頁、下册第 279 頁。

出土情況：1985 年至 1994 年間河南省三門峽市上村嶺向陽村出土。

録文：聽字號。同州郃陽縣百//姓許乂，年二十三四歲，十二//月三十日葬埋記。

張貴墓記磚　北宋（960—1127）某年十二月三十日

名稱： 張貴墓記磚（有字號）
文獻形態： 墓磚長 28 厘米，寬 20 厘米，厚 4 厘米。誌文行書 5 行殘存 42 字。
卒葬時間： 北宋（960—1127）某年十二月三十日葬。
文獻著録： 三門峽市文物工作隊編《北宋陝州漏澤園》，文物出版社，1999 年版，第 158 頁；胡海帆、湯燕編《中國古代磚刻銘文集》，文物出版社，2008 年版，上册第 391 頁、下册第 269 頁。
出土情況： 1985 年至 1994 年間河南省三門峽市上村嶺向陽村出土。

録文： 有字號。壕寨［下缺］∥死逃軍張貴，年［下缺］，∥筠州安遠弟八指揮，十二月二十∥九日撿驗了當，十二月三十日依∥條立峰，葬埋記識訖。

無名氏墓記磚　北宋（960—1127）某年十二月

名稱： 無名氏墓記磚
文獻形態： 墓磚長、寬均 26.5 厘米，厚 4 厘米。誌文行書 5 行 28 字。
卒葬時間： 北宋（960—1127）某年十二月葬。
文獻著録： 三門峽市文物工作隊編《北宋陝州漏澤園》，文物出版社，1999 年版，第 129 頁；胡海帆、湯燕編《中國古代磚刻銘文集》，文物出版社，2008 年版，上册第 385 頁、下册第 264 頁。
出土情況： 1985 年至 1994 年間河南省三門峽市上村嶺向陽村出土。

録文：［上缺］本府崇武指揮∥［上缺］係招刺营∥［上缺］八日撿驗了當。十二月∥［上缺］依∥條立峰，葬埋記識訖。

田立墓磚　北宋（960—1127）某年某月一日

名稱：田立墓磚

文獻形態：墓磚長、寬均31厘米，厚7厘米。誌文正書殘存4行14字。

卒葬時間：北宋（960—1127）某年某月一日葬。

文獻著録：賀官保《西京洛陽漏澤園墓磚》，文物編輯委員會編《文物資料叢刊》第7集，文物出版社，1983年版，第153頁。

出土情況：河南省洛陽市出土。

録文：［上缺］字號。//［上缺］弟九指揮//［上缺］兵士田立尸。//［上缺］月一日。

謝□墓記磚　北宋（960—1127）某年某月十二日

名稱：謝□墓記磚（甲子寓字號）

文獻形態：墓磚尺寸不詳。誌文行書4行18字，磚存右上半。

卒葬時間：北宋（960—1127）某年某月十二日葬。

文獻著録：三門峽市文物工作隊編《北宋陝州漏澤園》，文物出版社，1999年版，第315頁；胡海帆、湯燕編《中國古代磚刻銘文集》，文物出版社，2008年版，上册第428頁、下册第298頁。

出土情況：河南省三門峽市上村嶺向陽村出土。采集品，出土時間不詳。

録文：甲子寓。監［下缺］//到永興軍廣［下缺］//揮兵士謝［下缺］//十二日撿驗［下缺］。

田立墓磚

無名氏軍人墓記磚（甲子麗字號） 北宋（960—1127）某年

名稱： 無名氏軍人墓記磚（甲子麗字號）
文獻形態： 墓磚尺寸不詳。誌文行書 4 行殘存 12 字。
卒葬時間： 北宋（960—1127）某年葬。
文獻著録： 三門峽市文物工作隊編《北宋陝州漏澤園》，文物出版社，1999 年版，第 92 頁，圖版 26-2；胡海帆、湯燕編《中國古代磚刻銘文集》，文物出版社，2008 年版，上册第 377 頁、下册第 257 頁。
出土情況： 1985 年至 1994 年間河南省三門峽市上村嶺向陽村出土。

録文： 甲子麗。［下缺］//務社官［下缺］//日撿驗［下缺］//□□。

無名氏殘墓記磚（甲子階字號） 北宋（960—1127）某年

名稱： 無名氏殘墓記磚（甲子階字號）
文獻形態： 墓磚尺寸不詳。誌文行書殘存 4 行 21 字。
卒葬時間： 北宋（960—1127）某年葬。
文獻著録： 三門峽市文物工作隊編《北宋陝州漏澤園》，文物出版社，1999 年版，第 289 頁，圖版 82-3；胡海帆、湯燕編《中國古代磚刻銘文集》，文物出版社，2008 年版，上册第 422 頁、下册第 294 頁。
出土情況： 1985 年至 1994 年間河南省三門峽市上村嶺向陽村出土。

録文： 甲子階字號。//□□安濟坊兵［下缺］//第二十七［下缺］//收管，當日［下缺］。

無名氏殘墓記磚（甲子定字號） 北宋（960—1127）某年

名稱： 無名氏殘墓記磚（甲子定字號）
文獻形態： 墓磚尺寸不詳。誌文行書 3 行殘存 9 字。
卒葬時間： 北宋（960—1127）某年葬。
文獻著録： 三門峽市文物工作隊編《北宋陝州漏澤園》，文物出版社，1999 年版，第 214 頁，圖版 62-2；胡海帆、湯燕編《中國古代磚刻銘文集》，文物出版社，2008 年版，上册第 403 頁、下册第 279 頁。
出土情況： 1985 年至 1994 年間河南省三門峽市上村嶺向陽村出土。

録文： 甲子定字號。[下缺] // [上缺] 弟十指揮 [下缺]。

無名氏殘墓記磚（甲子公字號） 北宋（960—1127）某年

名稱： 無名氏殘墓記磚（甲子公字號）
文獻形態： 墓磚尺寸不詳。誌文行書 3 行殘存 11 字。
卒葬時間： 北宋（960—1127）某年葬。
文獻著録： 三門峽市文物工作隊編《北宋陝州漏澤園》，文物出版社，1999 年版，第 298 頁，圖版 85-2；胡海帆、湯燕編《中國古代磚刻銘文集》，文物出版社，2008 年版，上册第 425 頁、下册第 296 頁。
出土情況： 1985 年至 1994 年間河南省三門峽市上村嶺向陽村出土。

録文： 甲子公。左厢 // 抬舁到本 [下缺] // 姓名 [下缺]。

無名氏墓記磚（戊辰肆字號） 北宋（960—1127）某年

名稱： 無名氏墓記磚（戊辰肆字號）
文獻形態： 墓磚尺寸不詳。誌文行書殘存 2 行 10 字。
卒葬時間： 北宋（960—1127）某年葬。
文獻著録： 三門峽市文物工作隊編《北宋陝州漏澤園》，文物出版社，1999 年版，第 267 頁；胡海帆、湯燕編《中國古代磚刻銘文集》，文物出版社，2008 年版，上册第 417 頁、下册第 289 頁。
出土情況： 河南省三門峽市上村嶺向陽村出土。采集品，出土時間不詳。

録文： 戊辰肆字號。//平陸縣尉抬［下缺］。

高福墓記磚　北宋（960—1127）某年

名稱： 高福墓記磚（甲子紛字號）
文獻形態： 墓磚長 30 厘米，寬 15 厘米，厚 5 厘米。誌文行書 3 行殘存 14 字。
卒葬時間： 北宋（960—1127）某年葬。
文獻著録： 三門峽市文物工作隊編《北宋陝州漏澤園》，文物出版社，1999 年版，第 334 頁；胡海帆、湯燕編《中國古代磚刻銘文集》，文物出版社，2008 年版，上册第 431 頁、下册第 300 頁。
出土情況： 河南省三門峽市上村嶺向陽村出土。采集品，出土時間不詳。

録文： 甲子紛。平陸縣頭子//抬到□□□兵士//高福。

魯國墓記磚　北宋（960—1127）某年

名稱：魯國墓記磚
文獻形態：墓磚長 35.5 厘米，寬 16.6 厘米。誌文正書 1 行 4 字。
卒葬時間：北宋（960—1127）某年葬。
文獻著録：胡海帆、湯燕編《中國古代磚刻銘文集》，文物出版社，2008 年版，上册第 472 頁、下册第 321 頁。
出土情況：民國年間廣東省出土。

録文：魯國之墓。

魯國墓記磚

周進墓磚　北宋（960—1127）某年

名稱：周進墓磚

文獻形態：墓磚長、寬均 31 厘米，厚 7 厘米。誌文正書殘存 3 行 8 字。

卒葬時間：北宋（960—1127）某年葬。

文獻著録：賀官保《西京洛陽漏澤園墓磚》，文物編輯委員會編《文物資料叢刊》第 7 集，文物出版社，1983 年版，第 153 頁。

出土情況：河南省洛陽市出土。

録文：［上缺］到金州//［上缺］揮周進//［上缺］年二［下缺］。

周進墓磚

□亥七十八字號墓磚　北宋（960—1127）某年

名稱：□亥七十八字號墓磚

文獻形態：墓磚長、寬均 31 厘米，厚 7 厘米。誌文正書殘存 4 行 20 字。

卒葬時間：時代不詳。

文獻著録：賀官保《西京洛陽漏澤園墓磚》，文物編輯委員會編《文物資料叢刊》第 7 集，文物出版社，1983 年版，第 153 頁。

出土情況：河南省洛陽市出土。

録文：□亥七十八字號。//病患院王青送到//□州勁武弟十七//［上缺］尸。

□亥七十八字號墓磚

王平墓磚　北宋（960—1127）某年

名稱：王平墓磚（□□卅三字號）
文獻形態：墓磚長、寬均 31 厘米，厚 7 厘米。誌文正書殘存 4 行 19 字。
卒葬時間：北宋（960—1127）某年葬。
文獻著録：賀官保《西京洛陽漏澤園墓磚》，文物編輯委員會編《文物資料叢刊》第 7 集，文物出版社，1983 年版，第 153 頁。
出土情況：河南省洛陽市出土。

録文：□□卅三字號。//秦州壯成指揮//李忠送到兵士//王平尸。

□□□字號墓磚　北宋（960—1127）某年

名稱：□□□字號墓磚
文獻形態：墓磚長、寬均 31 厘米，厚 7 厘米。誌文正書殘存 4 行 5 字。
卒葬時間：北宋（960—1127）某年葬。
文獻著録：賀官保《西京洛陽漏澤園墓磚》，文物編輯委員會編《文物資料叢刊》第 7 集，文物出版社，1983 年版，第 154 頁。
出土情況：河南省洛陽市出土。

録文：□□□字號。//［上缺］成指挥［下缺］。

王平墓磚

王信墓磚　北宋（960—1127）某年

名稱：王信墓磚（□□七十八字號）
文獻形態：墓磚長、寬均 31 厘米，厚 7 厘米。誌文正書殘存 3 行 13 字。
卒葬時間：北宋（960—1127）某年葬。
文獻著録：賀官保《西京洛陽漏澤園墓磚》，文物編輯委員會編《文物資料叢刊》第 7 集，文物出版社，1983 年版，第 154 頁。
出土情況：河南省洛陽市出土。

録文：□□七十八字號。//□州火頭侯改//［下缺］王信。

小薛墓磚　北宋（960—1127）某年

名稱：小薛墓磚
文獻形態：墓磚長、寬均 31 厘米，厚 7 厘米。誌文正書殘存 2 行 8 字。
卒葬時間：北宋（960—1127）某年葬。
文獻著録：賀官保《西京洛陽漏澤園墓磚》，文物編輯委員會編《文物資料叢刊》第 7 集，文物出版社，1983 年版，第 153 頁。
出土情況：河南省洛陽市出土。

録文：□□□□牛成//遞鋪兵士小薛。

小薛墓磚

壬午十七字號墓磚　北宋（960—1127）某年

名稱：壬午十七字號墓磚
文獻形態：墓磚長、寬均31厘米，厚7厘米。誌文正書殘存5行9字。
卒葬時間：北宋（960—1127）某年葬。
文獻著録：賀官保《西京洛陽漏澤園墓磚》，文物編輯委員會編《文物資料叢刊》第7集，文物出版社，1983年版，第154頁。
出土情況：河南省洛陽市出土。

録文：壬午十七字號。//西京［下缺］送//到父［下缺］。

□□□字號墓磚　北宋（960—1127）某年

名稱：□□□字號墓磚
文獻形態：墓磚長、寬均31厘米，厚7厘米。誌文正書殘存3行8字。
卒葬時間：北宋（960—1127）某年葬。
文獻著録：賀官保《西京洛陽漏澤園墓磚》，文物編輯委員會編《文物資料叢刊》第7集，文物出版社，1983年版，第154頁。
出土情況：河南省洛陽市出土。

録文：□□□字號。//［上缺］方全寨//［上缺］安。

無名氏軍人墓記磚（生字號，第一種） 北宋（960—1127）某年

名稱： 無名氏軍人墓記磚（生字號，第一種）
文獻形態： 墓磚長 26 厘米，寬 20.5 厘米，厚 4 厘米。誌文正書 6 行 49 字。
卒葬時間： 北宋（960—1127）某年葬。
文獻著録： 三門峽市文物工作隊編《北宋陝州漏澤園》，文物出版社，1999 年版，第 87 頁。
出土情況： 河南省三門峽市出土。

録文： 生字號。不知姓名軍人，//年約四十八九，於趙上保[1]//瓦務社官道内身死，十//一月十六日檢驗了當，十//七日依//條立峰，葬埋記識訖。

[1] 趙上保：保指保甲，宋代實行保甲制度，以户爲單位進行編排。三門峽市文物工作隊編《北宋陝州漏澤園》指出趙上保即今三門峽市湖濱區會興鄉轄下的上村。上村在唐代名“趙上村”，北宋崇寧時改爲“趙上保”。

無名氏軍人墓記磚（生字號，第二種） 北宋（960—1127）某年

名稱： 無名氏軍人墓記磚（生字號，第二種）
文獻形態： 墓磚長 26 厘米，寬 17 厘米，厚 4 厘米。誌文正書 5 行 49 字。
卒葬時間： 北宋（960—1127）某年葬。
文獻著録： 三門峽市文物工作隊編《北宋陝州漏澤園》，文物出版社，1999 年版，第 88 頁。
出土情況： 河南省三門峽市出土。

録文： 生字號。不知姓名軍人，//年約四十八九，於趙上保//瓦務社官道内身死，十//一月十六日檢驗了當，十//七日依//條立峰，葬埋記識訖。

無名氏軍人墓記磚（甲子生字號，第三種） 北宋（960—1127）某年

名稱：無名氏軍人墓記磚（甲子生字號，第三種）
文獻形態：墓磚長 31 厘米，寬 16 厘米，厚 5 厘米。誌文正書 4 行 36 字。
卒葬時間：北宋（960—1127）某年葬。
文獻著録：三門峽市文物工作隊編《北宋陜州漏澤園》，文物出版社，1999 年版，第 89 頁。
出土情況：河南省三門峽市出土。

録文：甲子生。不知姓名軍人，趙上保//瓦務社官道内身死，十一月十//六日檢驗了當，十七日葬埋//記。

阿劉墓誌（夜字號，第一種） 北宋（960—1127）某年

名稱：阿劉墓誌（夜字號，第一種）
文獻形態：墓磚長、寬均 31 厘米，厚 5 厘米。誌文正書 4 行 44 字。
卒葬時間：北宋（960—1127）某年葬。
文獻著録：三門峽市文物工作隊編《北宋陜州漏澤園》，文物出版社，1999 年版，第 112 頁。
出土情況：河南省三門峽市出土。

録文：夜字號。本府左厢貧子院賈//貴抬舁到婦人阿劉，年七十歲，//系河中府人事，十二月初一日依//條立峰，葬埋記識訖。

阿劉墓誌（夜字號，第二種） 北宋（960—1127）某年

名稱：阿劉墓誌（夜字號，第二種）
文獻形態：墓磚長、寬均 27 厘米，厚 3.5 厘米。誌文正書 5 行 44 字。
卒葬時間：北宋（960—1127）某年葬。
文獻著録：三門峽市文物工作隊編《北宋陜州漏澤園》，文物出版社，1999 年版，第 113 頁。
出土情況：河南省三門峽市出土。

録文：夜字號。本府左廂貧子院//賈貴抬舁到婦人阿劉，//年七十歲，係河中府人事，十[二]//月初一日依條立峰，葬埋記識訖。

遇厄墓記磚（推字號，第一種） 北宋（960—1127）某年

名稱：遇厄墓記磚（推字號，第一種）
文獻形態：墓磚長、寬均 30 厘米，厚 5 厘米。誌文正書 5 行 54 字。
卒葬時間：北宋（960—1127）某年葬。
文獻著録：三門峽市文物工作隊編《北宋陜州漏澤園》，文物出版社，1999 年版，第 151 頁。
出土情況：河南省三門峽市出土。

録文：推字號。遞送配軍番部遇//厄，年約四十六七，城東廂郭再//立店内身死，十二月二十八日檢驗//了當，十二月二十九日依//條立峰，埋葬記識訖。

遇厄墓記磚（推字號，第二種） 北宋（960—1127）某年

名稱： 遇厄墓記磚（推字號，第二種）
文獻形態： 墓磚長 28 厘米，寬 20 厘米，厚 5 厘米。誌文正書 5 行 54 字。
卒葬時間： 北宋（960—1127）某年葬。
文獻著録： 三門峽市文物工作隊編《北宋陝州漏澤園》，文物出版社，1999 年版，第 152 頁。
出土情況： 河南省三門峽市出土。

録文： 推字號。遞送配軍番部遇//厄，年約四十六七，城東廂郭再//立店内身死，十二月二十八日撿//驗了當，十二月二十九日依//條立峰，埋葬記識訖。

遇厄墓記磚（甲子捌拾八字號，第三種） 北宋（960—1127）某年

名稱： 遇厄墓記磚（甲子捌拾八字號，第三種）
文獻形態： 墓磚尺寸不詳。誌文殘存 5 行 24 字。
卒葬時間： 北宋（960—1127）某年葬。
文獻著録： 三門峽市文物工作隊編《北宋陝州漏澤園》，文物出版社，1999 年版，第 153 頁。
出土情況： 河南省三門峽市出土。

録文： 甲子捌拾八字號。//遞送配軍番部遇厄，//城東廂郭再立店内//身死，崇寧四年［下缺］。

婁元墓誌磚　紹興十五年（1145）十月十三日

名稱： 宋故武義婁公墓誌

文獻形態： 墓磚爲灰色，近方形，長 46.3 厘米，寬 45 厘米，厚 5.4 厘米。誌文正書 16 行，共計 341 字。

卒葬時間： 紹興十五年（1145）九月二十八日卒，紹興十五年（1145）十月十三日葬。

文獻著録： 祁海寧、華國榮《南京南郊宋墓》，《文物》2001 年 8 期，第 37 頁；倪文東主編《中國書法年鑒 2001》，廣西美術出版社，2006 年版，第 271 頁；胡海帆、湯燕編《中國古代磚刻銘文集》，文物出版社，2008 年版，上册第 436 頁、下册第 304—305 頁；南京市博物館編《南京考古資料彙編》第 4 辑，鳳凰出版社，2013 年版，第 1965—1967 頁。

出土收藏情況： 江蘇省南京市長崗村李家窪出土，現存南京市博物館。

録文： 宋故武義婁公墓誌

宋故武義大夫婁公墓誌。//婁氏自建信侯始聞於漢，厥後顯晦不常，□歷既遠，至唐//宗仁公始第進士，歷官將相。公四世祖諱景，避五季之亂，//轉徙於蜀，從孟氏歸朝，授殿前承旨。公之烈考武□公//自 □干都護，歲滿还朝，愛其鄉土純厚，竟卜居於鄰，//□□涇陽，子孫因家焉。公諱元，字次道。大王父諱紹勛，//□太子左清道率副率。王父諱楚，仕至内殿承制。父諱嗣//正，終於武翼郎。武翼公捐宗係宗女夫，宗司請於朝，授公//□□郎，凡八遷至今，皆悉戰功也。公爲人偉風度，美須髯//□□□□真有不可犯之色。□即之也，温靖恂恂，似不能□//□。其後感疾，遂致不起，凡送終之具，皆一一□辨，命僧於卧//榻前，日誦佛書，啓手足之夕，怡然不乱，其處死生之際如此。//□紹興十五年九月二十有八日也，享年五十四。初娶太原王//氏，先公卒，贈安人。继娶隴西李氏，今封安人。皆顯族，有婦行。//子男三人：孝先、孝迪、孝思。女一人，尚幼。孫男三人。將以其年十//月十有三日乙酉，葬於江寧縣□□鄉邵公山云。

婁元墓誌磚

張公殘墓記磚　淳熙十三年（1186）某月壬午日

名稱：張公殘墓記磚

文獻形態：墓磚長 23 厘米，寬 26 厘米。誌文正書 3 行殘存 16 字。

卒葬時間：南宋淳熙十三年（1186）某月壬午日葬。

文獻著録：胡海帆、湯燕編《中國古代磚刻銘文集》，文物出版社，2008 年版，上册第 439 頁、下册第 307 頁。

出土情況：出土時間、地點不詳。

録文：宋故承事張［下缺］。//
淳熙十三年六［下缺］//壬午日，女張［下缺］。

張公殘墓記磚

許念七娘墓記磚　紹熙四年（1193）二月十四

名稱：許念七娘墓記磚

文獻形態：墓磚長 26.5 厘米，寬 17 厘米。誌文正書 3 行 22 字。

卒葬時間：南宋紹熙四年（1193）二月十四葬。

文獻著録：胡海帆、湯燕編《中國古代磚刻銘文集》，文物出版社，2008 年版，上册第 439 頁、下册第 307 頁。

出土情況：廣東省出土。

録文：有宋先妣許念七娘墓。//
紹熙四年二月十//四日，男李老立。

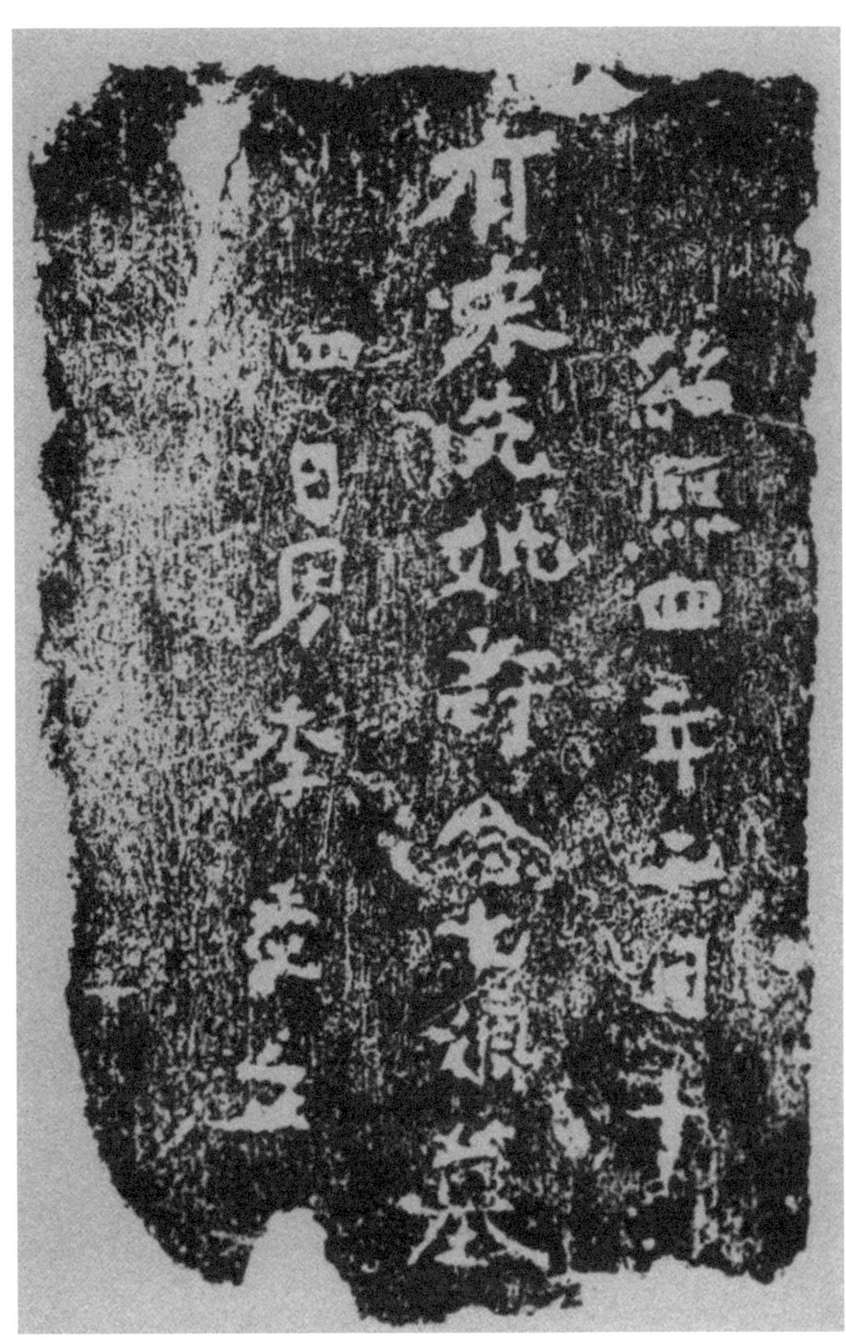

許念七娘墓記磚

宋故洪五十一承事磚志　寶祐六年（1258）十月二十日

名稱：宋故洪五十一承事磚志

文獻形態：墓磚由紅磚雕造，寬 41 厘米，高 28 厘米，厚 5 厘米。碑文爲楷書鐫刻，字徑 1.5 厘米。銘文豎排 17 行，滿行 15 字。

卒葬時間：寶祐二年（1254）閏六月二十九日卒，寶祐六年（1258）十月二十日葬。

文獻著録：湯毓賢《雲霄縣博物館藏唐宋墓誌二題》，《閩臺文化研究》2014 年第 3 期，第 38 頁。

出土情況：福建省漳州北溪出土，現藏於雲霄縣博物館。

録文：宋故洪五十一承事，漳之北溪霞洋//人也。娶于李，生於淳熙乙巳十二月初//八，没於淳祐丙午八月十五，享年六//十二。李小四，太孺，漳之北溪松江人//也。適于洪，生於淳熙己酉十月十四，//没於宝祐甲寅闰六月念九，享年//六十六。男一人，娶于鄭。女六人，四//長女奉佛，一女適鄭，一女適陳。//其孫男孫女尚稚。今擇可雷山坎//山午向安墳，姑紀其實以銘之。//銘曰：//

父天母地，因緣夙結。//生則同居，死則同穴。//岳瀆之靈，鐘爲人傑。//振後光前，慶綿瓜瓞。//

時宝祐六年十月二十日謹誌。

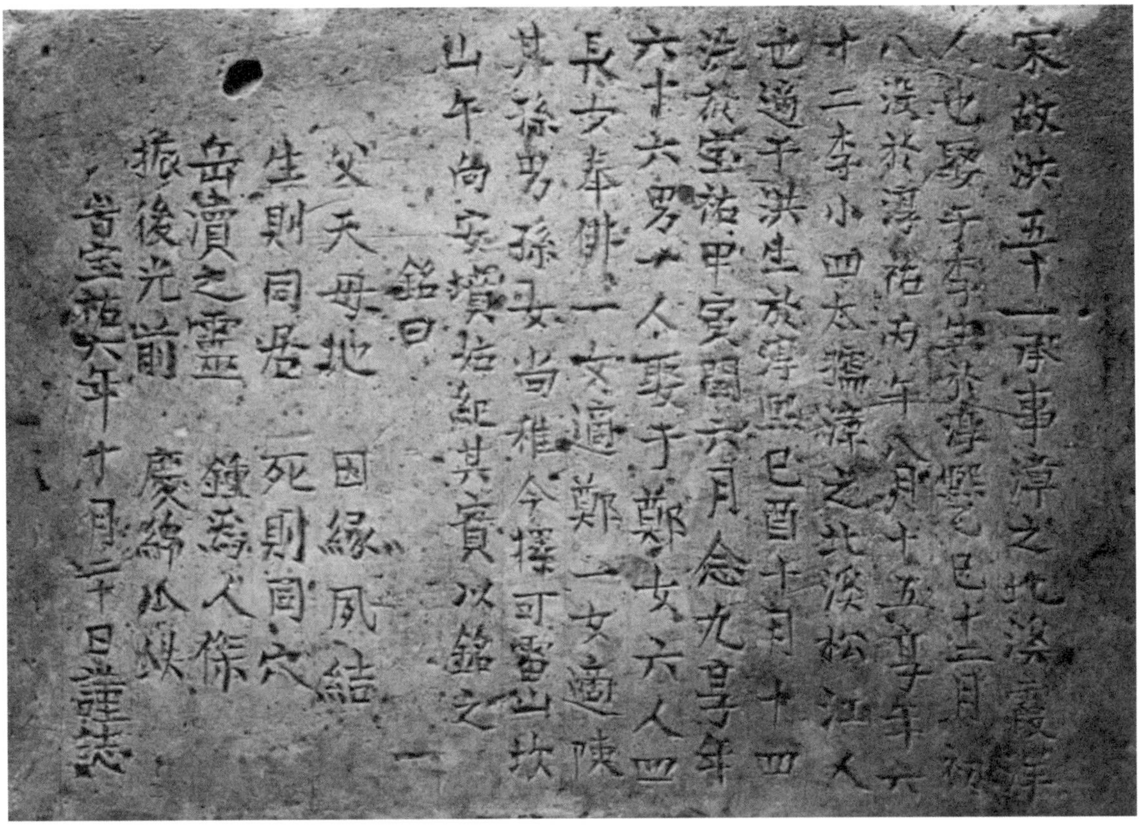

宋故洪五十一承事淳之北溪震亨
人也娶于李生於淳熙乙巳十二月初
八殁於淳祐丙午八月十五享年六
十二 李小四太孺淳之北溪松江人
也適于洪生於淳熙己酉十月十四
殁於寶祐甲寅閏六月念九享年
六十六 男一人娶于鄭 女六人 四
長女奉佛 一女適鄭 一女適陳
其孫男孫女尚稚 今擇可留山坎
山午向安壙 始紀其實以銘之
銘曰
父天母地 因緣夙結
生則同居 死則同穴
岳瀆之靈 鍾爲人傑
振後光前 慶綿瓜瓞
寶祐六年十月二十日謹志

宋故洪五十一承事磚志

何念六郎墓記磚　南宋（1127—1279）某年

名稱：何念六郎墓記磚

文獻形態：墓磚長 33 厘米，寬 17 厘米。誌文正書，兩面刻，正面 1 行 8 字；背面 2 行，行 10 字，共計 28 字。

卒葬時間：南宋（1127—1279）某年葬。

文獻著録：胡海帆、湯燕編《中國古代磚刻銘文集》，文物出版社，2008 年版，上册第 441 頁、下册第 309 頁。

出土情況：廣東省出土。

録文：（正面）進義副尉何公之墓。

（背面）右三廂慕德坊水軍西寨//進義副尉何念六郎之墓。

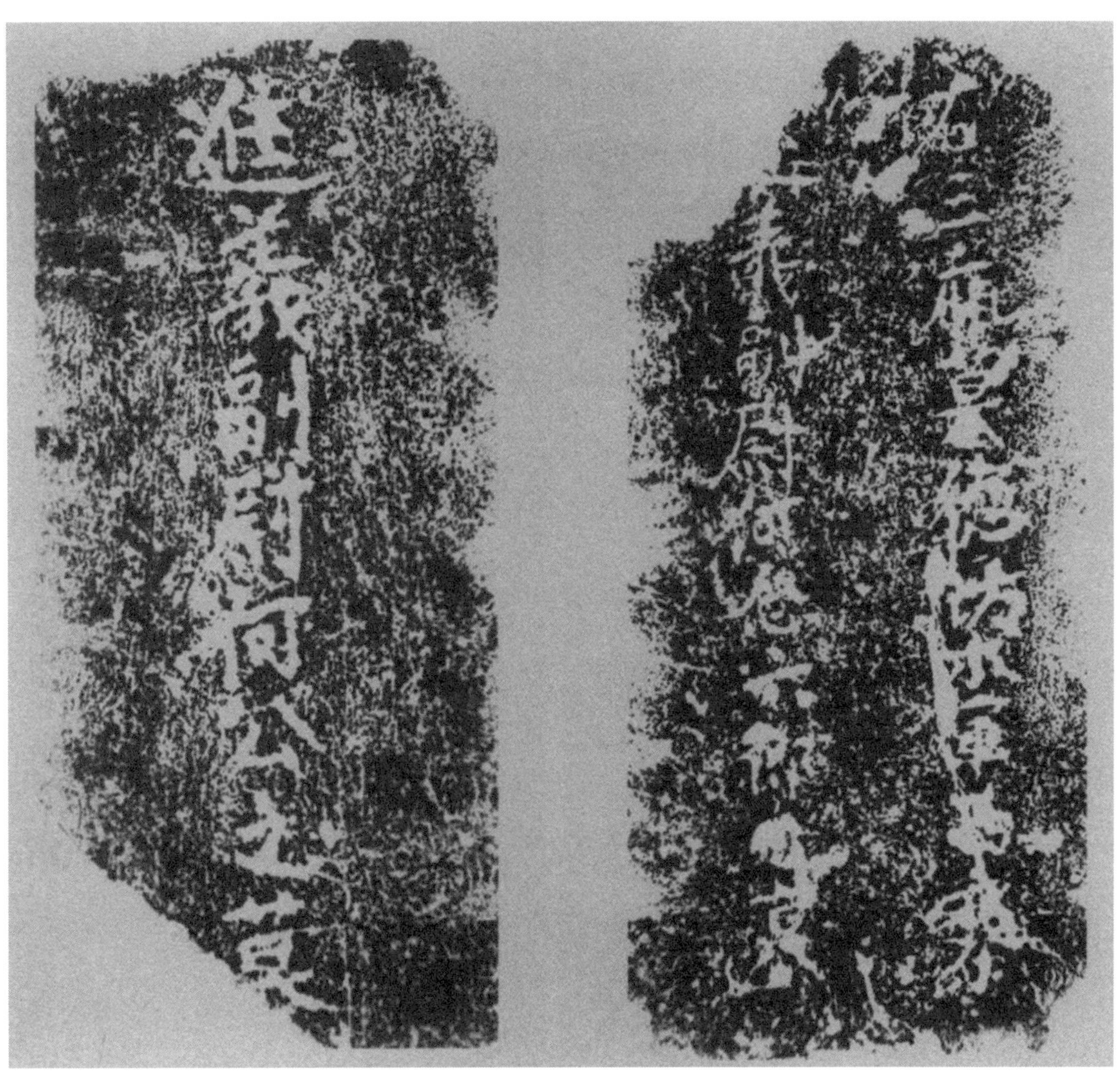

何念六郎墓記磚

黄氏念二娘墓記磚　南宋（1127—1279）某年

名稱： 黄氏念二娘墓記磚

文獻形態： 墓磚長 33 厘米，寬 17 厘米。誌文正書 1 行 7 字。

卒葬時間： 南宋（1127—1279）某年葬。

文獻著録： 胡海帆、湯燕編《中國古代磚刻銘文集》，文物出版社，2008 年版，上册第 441 頁、下册第 309 頁。

出土情況： 廣東省出土。

録文： 孺人黄氏念二娘。

黄氏念二娘墓記磚

楊泰公墓磚　南宋（1127—1279）某年

名稱：楊泰公墓磚

文獻形態：墓磚長 37 厘米，寬 17.5 厘米。誌文隸書 2 行 10 字。

卒葬時間：南宋（1127—1279）某年葬。

文獻著録：殷蓀《中國磚銘》，江蘇美術出版社，1998 年版，圖版下册第 1139 頁；胡海帆、湯燕編《中國古代磚刻銘文集》，文物出版社，2008 年版，上册第 442 頁、下册第 311 頁。

出土情況：清康熙年間浙江省武康（今德清縣）出土，桐城吴廷康舊藏。

録文：宋故贈太師//楊泰公墓磚。

楊泰公墓磚

揚國夫人趙氏墓磚　南宋（1127—1279）某年

名稱：揚國夫人趙氏墓磚

文獻形態：墓磚長 35 厘米，寬 18 厘米。誌文正書 2 行 10 字。

卒葬時間：南宋（1127—1279）某年葬。

文獻著録：殷蓀《中國磚銘》，江蘇美術出版社，1998 年版，圖版下册第 1139 頁；胡海帆、湯燕編《中國古代磚刻銘文集》，文物出版社，2008 年版，上册第 442 頁、下册第 311 頁。

出土情况：清康熙年間浙江省武康（今德清縣）出土，桐城吴廷康舊藏。

録文：宋故揚國夫//人趙氏墓磚。

揚國夫人趙氏墓磚

參考文獻

1 專著類

羅振玉:《雪堂專録》，民國七年（1918）上虞羅氏石印本。

（清）端方輯:《陶齋藏石記》，藝文印書館，1976年影印本。

（清）陸心源輯:《千甓亭古磚圖釋》，中國書店，1991年版。

北京圖書館金石組編:《北京圖書館藏中國歷代石刻拓本彙編》，中州古籍出版社，1989年版。

徐自强主編:《北京圖書館藏墓誌拓片目録》，中華書局，1990年版。

王鏞、李淼編撰:《中國古代磚文》，知識出版社，1990年版。

中國文物研究所、河南省文物研究所編:《新中國出土墓誌·河南〔壹〕》，文物出版社，1994年版。

韋娜、李聚寶:《洛陽古墓博物館》，中州古籍出版社，1995年版。

殷蓀:《中國磚銘文字徵》，上海書店出版社，1996年版。

殷蓀:《中國磚銘》，江蘇美術出版社，1998年版。

北京圖書館金石組、中國社會科學院考古研究所編:《中國社會科學院考古研究所考古博物館洛陽分館》，文化藝術出版社，1998年版。

三門峽市文物工作隊編:《北宋陝州漏澤園》，文物出版社，1999年版。

楊寧國主編:《彭陽縣文物志》，寧夏人民出版社，2003年版。

羅振玉撰，王元化、張本義、蕭文立編:《蒿里遺文目録三下·專誌徵存目録下》，杭州:西泠印社出版社，2005年版。

國家圖書館分館編:《中國古代磚銘文化考證輯成》，全國圖書館文獻縮微複製中心，2005年版。

倪文東主編:《中國書法年鑒2001》，廣西美術出版社，2006年版。

胡海帆、湯燕編:《中國古代磚刻銘文集》，文物出版社，2008年版。

徐立整理:《徐無聞藏金石集拓》，中華書局，2013年版。

南京市博物館編:《南京考古資料彙編》第4輯，鳳凰出版社，2013年版。
梅松:《道在瓦甓——吴昌碩的古磚收藏與藝術創作》，生活·讀書·新知三聯書店，2017年版。

2 論文類

河南文物工作隊:《河南方城鹽店莊村宋墓》，《文物》1958年第11期。
楊紹舜:《吕梁縣發現了罐葬墓群》，《文物》1959年第6期。
魏仁華:《河南南陽發現宋墓》，《考古》1966年第1期。
何正璜:《宋無名氏墓磚》，《文物》1966年第1期。
賀官保:《從西京洛陽漏澤園墓磚看北宋時期的兵制及其任務》，中原文物編輯部編輯《中原文物——河南省考古學會論文選集》，1981年版。
賀官保:《西京洛陽漏澤園墓磚》，文物編輯委員會編《文物資料叢刊》第7集，文物出版社出版，1983年版。
宋采義、予嵩:《談河南滑縣發現北宋的漏澤園》，《河南大學學報》1986年第4期。
劉玉生、魏仁華:《河南方城金湯寨北宋范致祥墓》，《文物》1988年第11期。
磁縣文物保管所:《磁縣發現北宋漏澤園叢葬地》，《文物春秋》1992年第2期。
姚生民:《淳化縣出土北宋磚刻墓誌》，《文博》1993年第1期。
李裕民、李宏如:《北宋馮氏磚誌考》，《文物季刊》1993年第4期。
祁海寧，華國榮:《南京南郊宋墓》，《文物》2001年8期。
樊英民:《山東兖州出土的宋代漏澤園墓磚》，《考古》2002年第1期。
王進先:《山西壺關下好牢宋墓》，《文物》2002年第5期。
甘肅省文物考古研究所:《甘肅天水市王家新窑宋代雕磚墓》，《考古》2002年第11期。
李軍:《河北邢臺出土磚誌碑》，《文物春秋》2004年第2期。
趙生泉:《新近出土磚拓十種》，《中國書畫》，

2004 年 8 期。

朱曉芳、王進先:《山西長治故縣村宋代壁畫墓》,《文物》2005 年第 4 期。

安然:《青島崇漢軒館藏北宋范府君墓磚考辨及其他》, 青島崇漢軒漢畫像磚博物館、文物出版社編《全國第三屆碑帖學術研討會論文集》, 文物出版社, 2014 年版。

湯毓賢:《雲霄縣博物館藏唐宋墓誌二題》,《閩臺文化研究》2014 年第 3 期。

安建峰:《山西晋城新發現宋代漏澤園墓誌考論》,《中國文物報》2017 年 2 月 10 日, 第 6 版。